青春期女孩枕边书

潘丽杰 / 著

天津出版传媒集团
新蕾出版社

图书在版编目(CIP)数据

青春期女孩枕边书 / 潘丽杰著. -- 天津 : 新蕾出版社, 2024.8. -- ISBN 978-7-5307-7835-7

Ⅰ. G479

中国国家版本馆 CIP 数据核字第 2024H1V174 号

书　　名：	青春期女孩枕边书　QINGCHUNQI NÜHAI ZHEN BIAN SHU	
出版发行：	天津出版传媒集团	
	新蕾出版社	
	http://www.newbuds.com.cn	
地　　址：	天津市和平区西康路 35 号（300051）	
出 版 人：	马玉秀	
电　　话：	总编办（022）23332422	
	发行部（022）23332351　23332677	
传　　真：	（022）23332422	
经　　销：	全国新华书店	
印　　刷：	三河市双升印务有限公司	
开　　本：	710mm×1000mm　1/16	
字　　数：	155 千字	
印　　张：	11	
版　　次：	2024 年 8 月第 1 版　2024 年 8 月第 1 次印刷	
定　　价：	49.80 元	

著作权所有，请勿擅用本书制作各类出版物，违者必究。
如发现印、装质量问题，影响阅读，请与本社发行部联系调换。
地址：天津市和平区西康路 35 号
电话：（022）23332351　邮编：300051

前言

亲爱的女儿，不知从什么时候开始，你的身高不断增长，胸部逐渐隆起，你慢慢变成了一个亭亭玉立的大姑娘。这个时候，你是否意识到自己已经长大，已经进入青春期了呢？

在生命的长河里，每个女孩都会经历一个特殊的时期——青春期。青春期是一个过渡时期，是你由少女向成年女性过渡的时期；青春期是一个发展时期，是你身体逐步发育成熟的时期；青春期是一个变化时期，是你身心变化迅速且明显的时期；青春期是一个反抗时期，是你拥有强烈的独立意识与反抗意识的时期；青春期是一个负重时期，是你承担着学习压力和父母期望，还要应对成长过程中各种问题的时期。

伴随着青春期而来的不仅有紧张不安，更有接连不断的惊喜，你会发现自己的身体在悄然变化，你由一个懵懂孩童变成了美丽少女。青春期的你不仅有鲁莽冲动的脾气，更有细腻敏感的心思，你的心智慢慢成熟，越来越关注自己，越来越重视别人对你的评价，越来越渴望独立和自由。青春期有的不只是矛盾困惑，还有怦然心动。关于异性的小秘密，你是那么好奇，那么希望与异性接触。

像很多青春期的女孩一样，在你没有了解青春期的知识却碰到青春期的各种困惑时，你如果没有勇气向妈妈请教，就很容易误解自己生理、心理等方面的变化。因此，我们完全有理由说青春期是一个复杂的时期，但如果了解了自己生理、心理等方面的变化，你就会发现青春期其实也是一个简单的时期。

本书汇集了大部分女孩羞于向妈妈启齿的私密问题，它是忙于工作和家务的妈妈了解孩子的好帮手，也是青春期女孩了解自己、读懂自己内心的知心朋友。本书的特色在于在每个青春期故事的后面都有针对性地附上了"专家解读"和"妈妈说给青春期女孩的话",部分故事后还有"延伸阅读"。"专家解读"从专业知识出发;"延伸阅读"将专业知识通过图解等形式呈现出来;"妈妈说给青春期女孩的话"里则是妈妈对女儿的爱与关怀、指导与帮助,这种温馨的方式很好地避免了面对面交流时的尴尬,让孩子在阅读的时候能感受一份来自妈妈的暖暖的爱。

本书从各个方面对处于青春期的女孩进行深入剖析,对于忙碌的妈妈来说,把这本书送给女儿,那是再好不过的礼物了。它既能减轻妈妈对女儿进行性教育的压力,又能使女孩在了解青春期知识时不再感到羞涩和难堪。可以说,有了这本书,女孩便可在妈妈的帮助下走出青春期困扰,变得越来越优秀。

目录

第1章　不是秘密的秘密

"大姨妈"来的那天 / 2

胸部"小花苞"渐渐隆起了 / 7

内裤上为什么会有白白的东西 / 11

别跟青春痘过不去 / 16

第2章　初恋这件事

学习好，可以早恋吗 / 22

暗恋，让我纠结也让我受伤 / 26

老师，我是不是爱上你了 / 31

网恋往往是一场枉恋 / 34

我不会和同桌日久生情吧 / 39

第3章　接受正确的性教育

为什么不能单独赴男生的约 / 44

有性幻想并不能说明你是坏孩子 / 47

怎样防止性骚扰 / 51

你对艾滋病了解有多深 / 54

第 4 章　成长中的烦恼

爸妈要离婚，我以死相逼 / 58
被父母窥探隐私，我该怎么办 / 61
不用你管，能不能别烦我 / 64
我为什么会变得越来越敏感 / 68
人不叛逆枉少年，总想叛逆一回 / 71

第 5 章　别在网络中游荡

我想和网友见面，行不行 / 76
你是"低头族"吗 / 79
网络游戏层出不穷，玩时要当心 / 83
远离黄毒，不让自己掉入深渊 / 87

第 6 章　给需要保护的你

遇到校园欺凌，大胆说出来 / 92
面对寻衅滋事不可凑热闹 / 96
花花世界的娱乐场所，禁止入内 / 99
出租车、黑车、网约车需留心 / 102

第 7 章　青春期，是你最美的年华

不要太在意别人的看法 / 106
我为了美，努力减肥 / 109
穿"乞丐裤"就是有个性，我喜欢 / 112
越来越喜欢照镜子，我是不是有病 / 115

第8章　名为"友谊"的东西

到哪里去寻找真正的友谊 / 120

为朋友背黑锅这种事，要不要做 / 123

说真话，会不会失去这份友情 / 127

我喜欢你，却只能以朋友的名义 / 130

我居然希望我的好朋友不如我 / 134

第9章　谁的青春不言伤

带你走出失恋的雨季 / 140

谁都没我酷，吸烟、喝酒我在行 / 144

休想给我贴上"坏女孩"的标签 / 148

那个帅气明星，你是不是特别喜欢 / 151

第10章　让梦想插上翅膀

你在为谁读书 / 156

总是担心考试考不好 / 159

一不小心，厌学情绪找上门 / 162

对于学习，我为什么总是记不住 / 165

不知不觉，青春期的秘密随着成长悄然而至。

第 1 章
不是秘密的秘密

每个人的心中都有一些小秘密，随着我们慢慢成长，那些曾经无法言说的秘密将不再是秘密。它们会随着时间的慢慢推移，在你猝不及防时来到你的身边。

女孩进入青春期后，面对"大姨妈"的来临、胸部"小花苞"的隆起、脸上总长痘等一系列身体变化，会感到很迷茫。相比书本上的理论知识，我们更喜欢妈妈的讲解和分析，那种温情值得我们回味一生。

"大姨妈"来的那天

青春期小档案

人物	瑾汐
性格	腼腆、内向
困扰	"大姨妈"来了，我将不再是从前的我？
结论	"大姨妈"来了，并不是我生病了，而是我长大了。

❋ "大姨妈"悄无声息地来了

一天晚上，瑾汐从梦中醒来，感觉床单上湿漉漉的。她想着睡前并未弄湿床单，于是又接着睡去，但没几分钟，烦躁不安的感觉一波接一波袭来，这时她清晰地意识到好像"那里"不太舒服。她把灯打开，看到内裤和床单上沾满了血迹。

那年瑾汐 13 岁，读初中一年级。当时生理卫生课的老师并未讲到初潮这件事，但她知道这就是其他同学和妈妈口中所说的"大姨妈"。由于是第一次，没有经验，瑾汐慌慌张张地敲开了妈妈的房门。

妈妈将瑾汐带到洗手间，摸着她的头说："宝贝，不要害怕，这是月经，以后每个月都会有一次，这说明你是个大姑娘了！"说完，妈妈拿出一片卫生巾，教瑾汐怎样拆开、怎样粘贴在内裤上，并告诉她，沾了血迹的衣服要放在冷水里浸泡。

瑾汐害羞地将自己弄脏的内裤放进盛着冷水的盆里，正要动手洗时，妈妈拦住了她，说："宝贝，这段时期尽量少碰冷水。"

说完，妈妈给瑾汐煮了一杯浓浓的红糖生姜水，然后又给她讲了很多经期保养的知识，还拿出一个小本子，记下了那天的日期，并告诉瑾汐："以后你可以把每次'大姨妈'来的日子记在这个本子上，还要记下肚子痛不痛、身体有什么变化，这件事可关系到你一辈子的健康和幸福哟！"

听了妈妈的话，喝着甜甜的红糖生姜水，瑾汐感到"大姨妈"也没什么可怕的，就像小时候掉牙一样，只是一个成长的标志而已。

专家解读

来"大姨妈"是少女进入青春期明显的特征之一。初潮时，女孩可能会出现紧张、害怕、羞涩、好奇等复杂的情绪，身体方面会有腹胀、腹痛、腰酸、乏力、嗜睡、疲劳、颜面浮肿等不适，再加上繁重的学习压力，女孩的免疫力和适应力都会有不同程度的降低。

"大姨妈"的正常周期一般为28～30天，持续时间为3～5天。女孩初潮仅仅是生殖系统开始工作的表现，生殖系统的功能还没有成熟，所以在初潮后，"大姨妈"的周期往往不太规律。有些女孩在半年甚至八九个月后才会来第二次"大姨妈"，这都是很正常的。

"大姨妈"周期变得正常需要一定时间，具体时间因人而异，短的只需几个月，长的则要几年。对这种不规律的现象，我们要有充分的认识，不要以为是得了病而乱服药，以免影响身体健康。但在这个过程中，若是出现月经量过多、经期太长或太短等现象，也要加以重视，严重时还要及时就医。

延伸阅读

1. "大姨妈"的形成过程

"大姨妈"是月经的民间俗称,是每个女孩开始进入性生理发育的标志之一。很多女孩一开始不了解为什么每个月都会有那么几天不舒服,"大姨妈"是怎样形成的。接下来,我们了解一下"大姨妈"形成的过程吧!

输卵管　子宫内膜　子宫底
卵泡
卵巢
子宫腔　子宫体

子宫内膜在雌激素、孕激素的作用下每月剥落一次,这就是有规律的月经,也就是我们常说的"大姨妈"。

然而,雌激素、孕激素又是从哪儿来的呢!

那就是卵巢。

卵巢中孕育着卵泡,卵泡中孕育着卵子。

卵泡排卵中。

正常情况下,卵泡排卵后会逐渐形成为黄体,既分泌雌激素,也分泌孕激素。

2. 来"大姨妈"期间，我们应当注意什么？

1 禁食过咸的食物，因为较咸的食物会增加体内的盐分，容易引起头痛、水肿等症状。

2 禁喝碳酸饮料，否则在来"大姨妈"期间容易疲乏无力和精神不振。

3 禁食辛辣之类的刺激性食物，因为这些食物容易使盆腔血管收缩，从而造成痛经、月经紊乱等后果。

4 少喝咖啡和浓茶，这两者都会刺激神经系统，可能导致内分泌失调，从而导致月经不调。

5 禁食寒凉食物，如雪糕、螃蟹、凉性水果等，这些食物在来"大姨妈"期间食用易造成痛经、月经不调。

子宫内膜只有在雌激素、孕激素同时作用下才能完成一次完美的剥落，这是"大姨妈"形成的基础。

> **妈妈说给**
> 青春期女孩的话

来"大姨妈"是你身体发育的必经阶段,并不是生病,没有必要担心。这段时间你需要注意休息,保证充足的睡眠,多食用营养丰富、易于消化吸收的食物,这对于增强体质、恢复精力大有益处。同时还应避免剧烈的体育运动,如长距离骑车、长跑等,以免过度疲劳导致抵抗力下降,诱发其他疾病。此外,还应注意卫生,避免接触冷水,更不可用冷水洗头、洗澡,要注意保暖,绝对不能游泳。

妈妈知道,"大姨妈"的突然来临扰乱了你单纯平静的生活,不管它的来临是在你的意料之中还是意料之外,既然它来了,那就去接受它。因为它并不是什么令人羞耻的事情,你也不必为此感到尴尬。或许在"大姨妈"来临时,你会怀念从前那种无所顾忌、随时都能蹦蹦跳跳的儿童时代,妈妈很理解你的心情,因为当年妈妈也这样。为了让自己的身体更健康,在"大姨妈"来临时,你要学会坦然接受它,然后以良好的心态度过这一特殊时期。

胸部"小花苞"渐渐隆起了

青春期小档案

人物	小夏
性格	活泼、乐观
困扰	最近总感觉胸部胀痛,还逐渐隆起。
结论	自己长大了,就要成为大姑娘了。

❋ 别碰我,真的很疼

小夏是一名初一女生,她最近总觉得胸前有明显的隆起,摸上去硬硬的,还隐隐发痛。她非常担心,觉得自己生病了,因此整日闷闷不乐。

一天上体育课时,小夏的胸部被球撞了一下,后来在与小伙伴一起玩耍时,又不小心被一个人撞了一下,疼得她叫出声来。这天晚上,小夏悄悄地把妈妈叫到自己的房间,硬着头皮向妈妈说起今天体育课上发生的事。妈妈听后,不但毫无担忧,反而高兴地说:"我的女儿长大了,很多女孩都会这样。从现在开始,你就是大姑娘了,你的身体正积极准备着呢!"

"真的吗?这真的表明我在长大吗?"小夏疑惑地问。

妈妈告诉小夏,等胸部"小花苞"长大之后就不会再疼了。

胸部肿痛的事终于真相大白了。小夏明白了这是很多女孩都会经历的过程，妈妈是这样，她也是这样。

专家解读

女孩进入青春期后，身体有了明显的变化，不但胸部开始隆起，而且还会有硬硬的"小花苞"——乳头，摸上去可能会隐隐作痛。如果你也与小夏有同样的感受，不用担心，这是胸部发育过程中正常的生理现象，一些女孩在胸部发育时都会有这种疼痛感。

每个女孩乳房开始发育的时间都不一样，但随着乳房的发育，一般都会出现乳蕾，而且乳头周围色素开始沉着，乳晕不断向周围扩大。在这个阶段，胸部通常不会有特别的感觉，女孩也就不大会注意到。

随着乳腺逐渐发育与乳房内脂肪的不断积累，女孩才会感到胸部的变化：从乳头周围颜色较深的部分开始胸部逐渐隆起，这时你很可能会感觉痒痒的、胀胀的。有些女孩的胸部在发育过程中还会产生硬硬的小颗粒——乳核，如果用手按压或不小心碰到乳核，就会感到疼痛。

随着乳房的继续发育，乳房渐渐隆起成为富有弹性的半球形，乳晕和乳头的颜色变得更深，乳核也慢慢不见了。这时，乳房发育就接近成熟了，那种不舒服感也会渐渐消失。

有些女孩会因为胸部出现小颗粒而不知所措，还有一种莫名的自卑心理。还有些女孩会穿上又瘦又紧的内衣，把胸部勒得很小，以达到掩盖胸部隆起的目的，这样做不仅影响乳房的正常发育，还会影响身体健康。

在乳房发育期，要尽量避免自己的胸部被碰撞到，还要注意休息，保持良好的心情，养成良好的生活习惯。

> **延伸阅读**

1. 内衣的正确穿戴方式

（1）上半身向前倾斜，手穿过肩带，让肩带挂在肩上。注意，如果是直立着穿内衣，很难将胸部全部放入内衣中，长此以往就会导致胸部变形。

（2）抬头挺胸，将肩带调整到感觉最舒服的位置。

（3）保持向前倾的姿势，钩上后扣，使胸部被包裹在内衣中。接下来将胸部周围的余肉拨入内衬中收拢，这样可以使胸部更丰满。

（4）检查一遍，对内衣整体进行细微的调整，直到感觉舒适为止。

2. 内衣的正确清洗方式

在清洗内衣时，最好用手洗，机洗很容易使内衣变形。

将洗好的内衣放在阴凉通风处晾干，不要放在阳光下暴晒，否则会导致其变黄或褪色。

清洗前，最好用清水浸泡一会儿，然后再轻柔地搓洗。

洗好后不要用手拧干，可以用干毛巾包起来压干，然后整理好，用晾衣夹将内衣底部夹住挂起即可。

妈妈说给青春期女孩的话

女儿，妈妈很高兴看到你的身体发生了变化。你知道吗？胸部隆起的"小花苞"是你从小姑娘变成大姑娘的美丽的标志。女孩到了一定的年龄，胸部便会开始发育。你一定要保护好自己的"小花苞"，尽量避免一切碰撞。在胸部发育过程中，如果出现疼痛、肿胀等现象，不用担心，要及时告诉妈妈，妈妈会陪你去看医生的。

穿戴内衣和清洗内衣要用正确的方式，你不要嫌麻烦，要养成良好的生活习惯，这样可以远离疾病，保持身体健康，妈妈相信你有足够的耐心把这件事做好。

内裤上为什么会有白白的东西

青春期小档案

人物	灵犀
性格	文静、温柔
困扰	最近小内裤上一直有些不明物质。
结论	小内裤要一天一换，保持良好的卫生习惯。

※ 让女孩烦恼的不明物质

一天晚上，灵犀在准确洗澡的时候发现小内裤上有些白白的东西，这让她感到非常奇怪，以前从来没见有过哇！灵犀一边把小内裤扔进盆子里，一边抱怨道"好心烦哪"。

灵犀从浴室里出来，细心的妈妈看出女儿心情郁闷，主动问道："灵犀，怎么啦？告诉妈妈发生了什么事。"灵犀把刚才的事情告诉了妈妈。听了灵犀的描述，妈妈说："那些白白的东西叫白带，健康的女孩都会有白色的或者透明的白带，而且在经期前白带的量可能会增多，这是正常的现象。不过，如果白带是黄色的，就说明可能有病菌，那就需要咨询医生。"

灵犀忍不住问道："那是什么病菌？为什么白带会变黄？"妈妈说："这个必须经过医生检查才知道，若哪天你也出现这种情况，一定要记得告诉妈妈，知道吗？"灵犀用力地点点头。之后，妈妈又给灵犀讲了一些关于白带的知识。

后来有一天，灵犀感觉同桌温宜无精打采的，便问她怎么了。温宜吞吞吐吐地说："昨天晚上我发现内裤上有白白的东西，我觉得我可能生病了，但一直没敢告诉妈妈。"温宜支吾了半天，总算把自己担忧的问题说了出来。灵犀听后显得很轻松，她微笑着说："我之前发现我的内裤上也有，也很烦躁。但我妈妈说了，健康的女孩都会有白带，正常的白带是白色的或透明的、无异味，而且带有黏性，如果白带是黄色的或者带有异味或血丝等，最好去医院检查一下。妈妈还说，女孩遇到这种情况，千万不要害羞，要及时告诉家人，让家人陪同去医院检查，只有及时发现、及时治疗，才能保证我们的身体健康。"

温宜听了灵犀的话，悬着的心总算放下来了，也明白了以后有事一定要请教妈妈。

专家解读

女孩进入青春期后，身体会发生很多变化，会遇到很多以前没有发生过的事情，这是每个女孩成长过程中都必然经历的，我们不要心生厌烦或过分担忧，而是要时刻保持良好的心态。

关于白带的问题，在这里简单地解释一下。一般来说，随着青春期女孩卵巢的逐渐发育，在雌激素的作用下，阴道、宫颈、子宫内膜等腺体开始分泌出一种透明的蛋清状黏液，也就是白带。因为白带有保持阴道湿润、抑制细菌的作用，所以它能很好地维持我们的身体健康。

青春期以后，卵巢逐渐发育成熟，会分泌雌激素和孕激素，白带的性状随卵巢周期变化而有所不同。一般来说，在两次月经中间，当雌激素分泌达到高峰期，白带的量会增多，多呈透明蛋清状。在月经前的几天也可能出现白带，这时的白带如果比平时的混浊，有可能是其中含有较多的脱落细胞，也可能是由于炎症引起的，我们要多多留心，必要时要就医。此外，在这段时间，要注意勤换洗内裤，保持内裤的洁净干燥。

白带还是判断身体是否健康的警报器。正常情况下，白带是乳白色或者无色的黏稠液体，没有异味。如果白带出现黄色、有臭味、带血丝等情况，往往说明身体某部位可能患有某些疾病,这时,要及时告知家人,尽快前往医院检查和治疗。

> **延伸阅读**

1. 白带从哪里来?

进入青春期,女孩对自己生理上的变化懵懵懂懂的,会产生"内裤上的白色东西是怎么来的"这样的疑惑,下面我们就来科普一下相关的小知识。

进入青春期后卵巢逐渐发育,由于雌激素的作用,阴道、宫颈、子宫内膜等腺体会分泌出一种透明的蛋清样黏液,这种分泌物与阴道上皮脱落细胞、白细胞及乳酸杆菌等混合就形成了白带。

白带形成图（子宫底、输卵管、子宫内膜的黏液、卵巢、宫颈分泌的黏液、子宫体、阴道分泌的黏液、死亡细胞等、宫颈、皮脂腺、汗腺的分泌液）

白带说到底就是身体分泌的一种物质,具有清洁阴道、防止杂菌进入阴道的作用。它时刻保护着我们的身体,女孩的阴道是酸性环境,白带中含有能维持这种环境的杆菌。同时,它还会带着死亡的细胞流出体内,也就是说它除了具有防卫功能以外,还具有清洁的功能。

2.如何预防白带变黄？

注意饮食和作息

注意保持清洁的习惯

注意调节自我情绪

预防白带变黄的措施

妈妈说给青春期女孩的话

女儿，随着你长大，突然有一天，你发现内裤偶尔会湿漉漉的，甚至有黏黏的不明物质，刚开始你可能会心生厌恶，因为它让你感觉不舒服。其实这只是你进入青春期的标志之一，这种不明物质的出现是必然的。

对待它，你的心情可能与对待"大姨妈"不太一样，它来得悄无声息，没有"大姨妈"那么令你震惊，但是它会细水长流。可以说，它基本会在每个育龄期女性的身体里常驻，每天都在，时多时少，时稀时稠。慢慢地，你会明白它其实有很多好处。

虽然它让你觉得不那么舒服，但它对你的健康有很大的作用。它可以使你的"私密花园"保持一定的湿润度，也可以有效地防止病菌的侵入。同时，它还含有阴道杆菌一种乳酸杆菌。这种杆菌能维持阴道内的酸性环境，使细菌不易滋生，能起到预防某些妇科疾病的作用。

　　白带的到来，提醒我们要更加注意个人卫生。比如，你要用温水经常冲洗外阴，解决白带给自己带来的小麻烦。但不要随意使用各种药物清洗阴道，因为白带对阴道有一种天然的清洁作用。另外，不要穿紧身的尼龙内裤，应选择纯棉内裤。如果不是生理期，则不要用卫生护垫。虽然白带会让内裤看起来不干净，但想想它的好处，慢慢地，你一定能接纳它。

别跟青春痘过不去

青春期小档案

人物	玉晴
性格	活泼开朗
困扰	青春痘，真的会传染吗？
结论	青春痘只是青春期的标志之一，其实是不会传染的。

❋ 痘痘的烦恼，你有吗

　　玉晴最近很郁闷。原本活泼开朗的她不喜欢和同学出去玩了，好像变了个人似的。原来，玉晴到了青春期，原本以为自己在花一样的年纪会更加好看，却没想到脸上冒出了一颗颗青春痘。这让玉晴很烦恼，整天想方设法地祛痘。

　　这天，玉晴突然冒出个想法：自己脸上的痘痘会不会是同桌晓琳传染的？因为刚和晓琳成为同桌时，自己脸上光洁平滑，而晓琳的脸上却长满了红包。晓琳每次上课时，都会不自觉地摸脸，然后就开始抠，是不是她抠完痘痘的手摸了玉晴，所以玉晴开始长痘了？

　　玉晴也开始不自觉地摸脸，当她摸到那一颗颗硕大的痘痘时，心里很烦躁。然后她也开始抠，当时只是觉得有些疼，可几天后，抠过的地方疤痕越来越明显。有时候她用手挤痘痘，能挤出乳白色的还带点血的东西，再挤就是乌黑的血了。

一天，她无意中听同学说，吃避孕药能祛除脸上的青春痘。于是她偷偷地买来一盒，当天就吃了一粒，发现没什么不良反应。此后，她每天都按时吃一粒。一个多星期后，玉晴发现脸上的痘痘果然少了很多，这让她大为惊奇，并且更加坚信避孕药的祛痘作用。

又过了几天，玉晴照镜子时，发现脸上的皮肤明显变得光滑、细致，青春痘差不多没有了。玉晴的妈妈看着正在臭美的女儿，玉晴一高兴便把误会同桌传染青春痘和吃避孕药祛痘的事情告诉了妈妈。

妈妈语重心长地对玉晴说："青春痘不传染，无论男孩女孩，到了青春期都可能会长青春痘，它只是代表你进入了青春期。偷吃避孕药对你的身体有很大的危害，你正值身体发育期，服用过多避孕药会导致性早熟甚至终身不孕，以后千万不许乱来了。"

听了妈妈的话，玉晴对脸上的痘痘再也不敢乱来了。

专家解读

青春痘是青春期的一种标志，之所以叫青春痘，是因为它多在青春期的时候出现。女生产生青春痘与体内激素不平衡有关，但并不会传染。

当我们看到身上冒出个红包时，第一反应可能是自己被蚊虫叮了；第二反应可能是自己最近上火了，火气散不出来，形成了脓包。在青春期，皮脂分泌过多是生长青春痘的主要因素。当体内雄激素含量过多，皮脂腺功能就会旺盛，会导致油脂的大量分泌。毛囊周围细胞角化异常也是生长青春痘的另一重要因素。毛囊周围细胞角化异常使得毛囊口堵塞，从而导致皮脂无法排出。另外，痤疮丙酸杆菌的过度增殖和炎症反应也能导致青春痘的生长。

从青春痘的形成原因可以看出，它并不具传染性，也并不是不治之症，很多情况下，不用治疗就会自己消失。玉晴为了祛除脸上的痘痘而偷吃避孕药是非常不明智的，无异于饮鸩止渴，这对身体的危害很大。

避孕药通常是用雌激素和孕激素配制合成的，青春期的女孩处于激素分泌的敏感期，若在此时服用含有激素较多的药物，会破坏体内的激素平衡，造成体内雌激素水平增高、内分泌失调，影响身体健康。此外，短时间内大剂量服用避孕药，女孩的脸上还有可能长出暗疮，一些暗疮容易堵塞毛囊，时间一长暗疮还易化脓、病变。

避孕药之所以能祛除青春痘，是因为避孕药中所含的雌激素和孕激素可以"消化"部分青春期分泌过多的雄激素。不过，这种治疗作用只是暂时的，只要停止服用，青春痘就会"春风吹又生"。

延伸阅读

1. 痘痘类型大比拼

痘痘类型

种类	颜色	是否有凸起	触感	主要内容物
黑头粉刺	黑色	小凸起	质地坚硬	脂栓（乳白色或黄色小米粒）
白头粉刺	白色	小凸起	质地坚硬	脂栓（乳白色或黄色小米粒）
丘疹	淡红色或深红色	明显凸起，冒白尖	有轻微疼痛与压痛感	脂栓（挤出有脓血）
结节	红色	明显凸起，呈半球形或圆锥形	较硬并有热痛感	脂栓（脓液及血液混合物）
囊肿	红色、鲜红色及暗红色	块状凸起，多呈不规则状	较软伴有疼痛	脂栓（脓液及血液混合物）

2. 用手挤痘痘的危害

女孩都爱美，发现脸上长了痘痘，总是喜欢挤，希望将痘痘挤没了。殊不知，乱挤会引起面部肌肤感染，导致皮肤留疤、留印。

容易产生疤痕，让细菌乘虚而入。

皮肤容易感染，痘痘更难治愈。

挤痘痘的危害

3. 青春痘的防治注意事项

饮食要有规律，保持正常的新陈代谢。

多吃蔬菜和水果，少吃糖类和辛辣等刺激性食物。

注意休息，保持良好的睡眠。

不选用油质化妆品。

保持心情愉快。

平时注意清洁面部。

切勿用手挤痘痘。

妈妈说给
青春期女孩的话

女儿，妈妈知道，每个女孩都渴望拥有细腻光滑的皮肤，尤其是面部，但是我们不能为了外表的美而去做一些傻事，比如，服用避孕药。这种做法会对你的身体造成极大的危害，得不偿失。

青春痘只是青春的象征，当你慢慢长大，你会发现青春痘会自己悄悄地离开。妈妈不希望你因为脸上有痘痘就害怕被同学嘲笑，从而变得自卑、退缩，外表美只是美的一个方面，真正的美是心灵美。只要你乐于助人，懂得关心和爱护他人，真诚地与他人交往，你就能获得别人的认可和喜爱。

如果想要青春痘尽快消失，你要保持良好的心态，生活作息要有规律，也要放松心情，最好多亲近大自然。

第2章
初恋这件事

青春、初恋，好像每个人的青春都逃不过一场爱情，或深刻，或懵懂，或迷茫。在这里，有爱，有情，有喜、有悲，却往往没有永恒。青春期的初恋是青涩的，说来就来，说走就走，那一丝丝悸动，让人既兴奋又紧张。

总有那么一瞬间你会想起某个明媚却忧伤的片段，想起时总会有一点点心痛，或许这就是初恋的感觉。

学习好，可以早恋吗

青春期小档案

人物	思雨
性格	活泼开朗
困扰	我恋爱了，却遭到爸妈和老师的极力反对。
事件	被老师告诫："不管你是谁，恋爱对学习都会有一定的影响。"

✻ 青春小事件

思雨最近很苦恼。她恋爱了，她与自己喜欢的男孩学习成绩都很好，思雨坚信自己可以做到恋爱和学习两不误，可爸妈和老师却极力反对，他们对她的态度一百八十度大转变。他们不理解她，把她当作批斗对象，时时刻刻都在盯着她。

她和那个男孩从上小学起就是好朋友，然后又考到了同一所初中，由于平时交往比较多，两人自然而然地就走到了一起。男孩的理科成绩特别好，而思雨偏重文科，这让两个人觉得在学习方面可以互补，从而彼此的心靠得更近了。思雨说，前段时间男孩代表学校去市里参加物理竞赛，虽然只有几天时间没见，她却觉得特别漫长，也真正体会到了什么是"一日不见，如隔三秋"。

他们两人都是老师重点培养的好学生，老师不想他们因为恋爱而耽误学业，单独谈话、通知家长等方法都用了，两人依旧我行我素。

这天，思雨的妈妈在思雨的朋友圈里看到这样一段话："青春是如此美好，每个人都有梦想。我们约好一起考最好的高中，然后再一起考北大，我们要永远在一起。我们的人生目标非常清晰，怎么会因为恋爱而毁了未来呢？我们在一起一定不会影响学习，为什么不能恋爱呢？我们又不是生活不能自理的小孩，我们也有自己的想法，对未来也是有规划的，为什么就不能听一听我们的心声呢？我需要自由，我想要在蔚蓝的天空中自由自在地飞翔！"看完后，思雨的妈妈陷入了沉思。

专家解读

少男少女觉得只要自己有一颗为爱奋不顾身的心，而且确保不会影响学习成绩，就会得到父母和老师的理解。然而，这种想法并不是正确的。因为，爱情并不是想象得那么简单。

茨威格说："命运赠送的礼物，暗中都标着价格。"早恋的价格是什么呢？那就是时间和精力，你如果把时间和精力用在恋爱上，就无法全身心地去学习。另外，早恋的压力不是一般的大，你那稚嫩的双肩没有你想象中那么能扛压力。所以，不管你是谁，不管你学习有多好，早恋是一定会影响学习的。

早恋，对于中学生，就像是一件太过昂贵的奢侈品，给不起，也要不起。中学时期"轰轰烈烈，永远在一起"的誓言，往往不过是一种美好的期盼。初中、高中，再到大学，成长的每一个阶段人都会有所改变，你无法确定将来会有什么样的波折在等着你，也无法预料将来的自己会不会像现在一样时刻对对方保持一片真心。或许，不久后你就会与现在的自己判若两人。

中学时期的爱情不被父母和老师支持并不是因为他们不理解，而是因为他们预料到你们很可能在未来的某一天会为一件小事吵架，甚至分道扬镳。几年后，如果你再见到他，你会突然觉得，当初的自己有多么傻，他并没有那么帅，他根本不是你想象中的样子。你甚至会怀疑，自己当初为什么会喜欢上这样一个男生，为什么会傻乎乎地为了和他在一起而与父母、老师决裂。当初的他到底哪一点吸引过自己，或许你已记不起。

因为你在成长，在改变，你的眼光、你的喜好也都会随着时间的流逝而改变。

所以，在这大好的青春时光中，多留一些时间给自己。我们可以用心去爱，但绝对不是现在。

延伸阅读

不可不知的早恋危害

身体上：影响生理发育，易导致身体不适。

心理上：心情不稳定，易造成心理扭曲。

行为上：情绪不稳定，易冲动，严重者会走上犯罪道路。

学习上：分散精力，上课易走神，成绩必然下滑。

> **妈妈说给青春期女孩的话**

进入青春期后，随着身体和心智的成长，男生女生互相仰慕、吸引，是青春期很纯洁的情愫，妈妈不想把这种美好的情窦初开硬生生地加上"早恋"的标签。虽然你们学习都很好，这种情感或许会像兴奋剂，让你们两个人的成绩在短时间内提升一下，但昙花只有一现，因为情绪的不稳定、心智的不成熟，最终会影响你们的学业。

其实每个人在青春期的时候，都有过情窦初开的喜悦感。这种情感就像一粒种子，它的成长需要阳光、雨露、肥沃的土壤、精心的呵护，而这些，身为中学生的你是给不起的。也许等你长大后，回首往事，你会发现，那只不过是孩童时代玩的过家家游戏而已。

暗恋，让我纠结也让我受伤

青春期小档案

人物	木槿
性格	内向、自卑
困扰	暗恋班上的体育委员，无时无刻不在想他。
事件	我被他深深地吸引，无法自拔，没心思学习。

❋ 暗恋，一场漫长的失恋

不知道是丘比特射错了箭，还是月老牵错了线，竟然让木槿喜欢上了班里的体育委员——一个长相帅气、成绩优异又很有文艺气息的男孩。暗恋一个人，木槿感到很惶恐，羞涩、矛盾中交织着莫名的欢喜。

木槿记得有一次上课时自己生病了，下课后，那个男孩不但给自己买了感冒药，还温柔地嘱咐自己回去多喝热水、多休息。虽然那个男生也经常这样关心其他同学，但木槿还是觉得他对自己的关心是与众不同的。

自从有了那次温暖的关怀，木槿就特别希望能再听到他的声音，看到他的笑容，有时还为此魂不守舍，上课老走神，总想看他在做什么。她甚至希望自己每天生病，以博得那个男孩的关心。但是对方丝毫没有察觉，依然那么热心地关心同学。课间，木槿看到他和班上那些比较出色的女孩融洽地交往，就感到特别自卑，觉得自己与他的差距很大。他阳光帅气，学习好；而自己长相一般，学习一般，犹如一只没人关注的丑小鸭。

暗恋一个人很痛苦，可木槿又不敢和别人诉说，现在她根本没心思学习，只觉得这场暗恋从一开始就是一场漫长的失恋。

专家解读

青春期的女孩爱慕异性，这是一种非常正常的心理现象，而暗恋是这场爱慕里的常客。所谓暗恋，就是一方对另一方一厢情愿的喜欢。对于女孩来说，暗恋就像一场美丽的错误，是一种情感寄托的错觉。

女孩进入青春期后，因为性生理的成熟、性意识的觉醒以及受网络与影视剧的影响等，往往会出现暗恋的情况。有些是美好的回忆，有些是撕心的痛苦，大多数的暗恋都会随着青春的脚步变成回忆。

青春期女孩的暗恋，或是被对方阳光帅气的外表所吸引，或是因为对方学习好、有才气，或是因为对方身上有种桀骜不驯的气质，也可能是因为对方的温柔体贴。总之，自己暗恋时心中开满了花，而对方却没有闻到丝毫的花香，甚至根本不知道何处有花。

很多女孩像木槿一样，经历过"落花有意，流水无情"的暗恋。暗恋毕竟不是两情相悦，它会让女孩觉得痛苦、不知所措，甚至会让女孩想方设法地去确认对方对自己到底有没有意思。或许有的女孩也明白，自己的一厢情愿在朋友眼里完全没有意义，但心里却想着只要能看到他就好。

女孩，千万不要做傻孩子，更不要轻易说永远。年轻的时候，你永远都想象不到永远到底有多远。那个你暗恋许久的人，或许有一天你连他的微笑都看着不爽；那个你喜欢得死去活来的小伙子，有一天你极有可能连他的名字都叫不上来。有人说过："喜欢的歌，静静地听；喜欢的人，远远地看。"

延伸阅读

暗恋一个人的表现

不由自主在笔记本上写下他的名字，而且会写无数遍。

我在写什么呀?!

当清醒过来时，生怕别人看到，开始乱涂。

你说隔壁班的某某吗？

听到别人议论他时，总是很在意，而且会莫名地紧张。

喜欢通过道听途说来知道他的消息。

对他的生活了如指掌。

你暗恋的他

经常去食堂二楼吃饭。

喜欢踢球，穿19号球衣。

喜欢第二节课下课后去打水。

有点近视。

> **妈妈说给青春期女孩的话**

女儿，暗恋是你成长过程中的正常现象。青春期的暗恋在你的成长中有着很重要的作用，它可以满足你对完美和圆满的幻想。但你这种狂热的喜欢令妈妈很担心，妈妈很害怕你的情感被人利用，害怕你上当受骗，害怕你看到暗恋对象的缺点而否定自己，害怕你因付出情感却得不到回应而受到伤害……

妈妈知道，当你暗恋一个人时，你是不会告诉妈妈的，你害怕妈妈知道后，会批评你甚至打骂你。妈妈告诉你，不会的，因为妈妈在青春期的时候也有过这种类似的心理。妈妈也曾经暗恋一个人，后来才知道原来对方并不像自己想象中的那样出众。

妈妈想让你知道，你还没有真正地了解对方，不知道他有什么不足和缺点。你在暗恋对方时，会在心中把对方的形象无限放大、无限美化，而把自己放在一个卑微的位置，这种差距感会让你感觉很痛苦。

妈妈告诉你，他没有什么特别之处，他也有不足和缺点。你今天的暗恋会给你留下受到伤害或幻想破灭的记忆，当你长大以后，回想起青春期的自己时，你就会知道曾经的自己有多么天真。无论他的哪些特点吸引你，妈妈都建议你要理智一点，通过正确的判断来减少将来可能会承受的失望和伤害。

在青春期的美好年华中，一次暗恋可以让你的心灵成长、丰富起来，这并不是什么坏事，但我们要学会在适当的时候主动移开自己的目光，把握住自己的思维方向，那才是了不起的女孩。

老师，我是不是爱上你了

青春期小档案

人物	梓晨
性格	活泼开朗
困扰	喜欢英语老师。
事件	每次都会在英语课上盯着老师那帅气的面庞出神。

❋ 心中的那个他，还在吗

"池塘边的榕树上，知了在声声叫着夏天。操场边的秋千上，只有蝴蝶停在上面……"

讲台上，英语老师在用粉笔唰唰地写着这节课的重点句型，同学们都在奋笔疾书，抄写着黑板上的内容。

"梓晨，你在干吗？发什么呆呀？"同桌筱萱轻轻地碰了碰盯着黑板发呆的梓晨，提醒她赶快抄老师写下的重点句型。

梓晨收起眼眸中的留恋，拿起笔，却不由自主地写下了英语老师的名字。她察觉到了自己的异样，慌忙向左右看了看，还好没有人注意到。

这已经不是第一次了，这种情况已有两个多月。每次英语老师讲课时，梓晨就会被老师那高大帅气的外表吸引，老师的举手投足都让她迷恋不已。

这样是不对的吧？梓晨在心里问过自己很多次，但始终控制不住自己的情感。

"梓晨，请你用第一个句型说一个例句。"突然，英语老师叫了她的名字。梓晨慌张地站起来，把题目读了一遍后，小声但流利地答了出来。

"非常好，梓晨的句子用词很新颖，大家都应该向她学习。不过，梓晨，以后答题的时候声音再大点。"英语老师先是和颜悦色地夸赞了梓晨一番，然后又对她做出了提醒。

梓晨坐下后，心情久久不能平静。回想起英语老师的赞扬，她心里开心极了；但是想到老师的提醒，她又觉得自己的表现还是有点糟糕。

这样的日子又持续了很久，直到有一天筱萱说英语老师有了未婚妻，梓晨才下定决心改变自己的心态。

"你确定英语老师有未婚妻了吗？"梓晨再次问筱萱。

"当然了，英语老师的未婚妻以前就住在我家隔壁。"筱萱的话让梓晨的所有幻想一下子破灭了。梓晨明白了，原来自己一直活在自己想象出来的虚幻世界里，我有我的世界，老师有老师的世界，我可以欣赏老师、仰慕老师，却无法与他产生交集，这或许就是成长的伤痛吧。

专家解读

美国心理学家赫洛克把青春期性心理发展分为四个阶段：第一个阶段是远离异性的"性反感期"，这个时期的女孩会因身上发生的生理变化而对异性产生不安甚至反感，甚至认为男生与女生之间一旦有了密切接触就会变得不纯洁；第二个阶段是对年长异性产生好感的"牛犊恋期"，这个时期的女孩容易仰慕优秀成熟的年长异性；第三个阶段是积极接近异性的"狂热期"，这个时期的女孩只把年龄相当的异性作为爱慕对象；第四个阶段是青春后期的"浪漫恋爱期"，这个时期的女孩会钟情于某一个异性。在这四个阶段，"牛犊恋期"非常容易让女孩误入歧途。

处于青春期的女孩在与男老师相处时，难免会被对方的容貌、能力、才识、人格吸引，从而产生既像友情又像爱情的感情。这种感情只是单相思，不会发展成真正的恋爱。但是如果不加以遏制，任由感情发展，很有可能会产生畸形的恋爱意识，从而造成不必要的精神痛苦和心理伤害，那也就失去了师生情谊的那份美好。

> **妈妈说给青春期女孩的话**
>
> 女儿，上次你爸爸去参加家长会，回来后开玩笑说，你们的班主任没有爸爸帅，没想到你当场翻脸，还摔门不见我们。
>
> 那次，爸爸难过了很久。他对我说，他连你们的老师都比不过。我笑他乱吃醋，话一出口，就觉得不对劲，我隐约感到，你可能是喜欢你们的班主任。
>
> 你们的班主任是英语老师，以前你是最讨厌英语的，但自从换了这个班主任，你每天心心念念的都是英语知识，原本我还为你感到高兴，但现在，我却忍不住为你担心，担心你会因为仰慕老师而做傻事。
>
> 千百年来，在传统性别角色意识的影响下，很多青春期女生会对年长的男性不自觉地产生依赖，继而又产生爱恋。而对于女学生来讲，这种爱恋更容易倾注于男老师的身上。但是，这种爱恋往往都是单相思，它像一颗藏在暗处的种子，很难开花结果。
>
> 女儿，妈妈希望你能认真地想一想，对你的班主任究竟是什么感情。如果你的内心深处很崇敬、仰慕甚至是暗恋，那么，你要庆幸你有这样值得仰慕、爱戴的好老师，同时更要珍惜这份师生情谊。望你保持那份最初的崇敬之情，用一颗感恩的心去对待，让你的成长路上充满阳光。

网恋往往是一场枉恋

青春期小档案

人物	艺星
性格	内向、腼腆
困扰	我知道网恋不真实,但我还是想尝试一下。
事件	偷偷和网友见面,因灵机一动的一声"妈妈"而获救。

❋ 网恋还是枉恋

网络如此发达,谁没几个网友呢?13 岁的艺星也有很多网友,她每天做完作业,最开心的事莫过于和网友聊天了。在众多网友中,与艺星最聊得来的是一个昵称叫"小鲜肉"的网友,他谈吐幽默风趣,让不善言谈的艺星都对其敞开心扉。

在学校里,艺星的朋友不多,能说心里话的更是少之又少。可艺星与这个网友每天都有说不完的话,与他聊天是艺星一天中最快乐的事。如果在网上一天见不到他,艺星就会很难过。这天,艺星如约和他聊天,他总是拐弯抹角地说要与艺星见面,艺星也想看看对方长得是不是真的很帅。在对方再三邀约下,艺星答应了。见面时间定在周日下午三点,地点选在艺星家附近的商场门口。艺星打算到时候和网友一边逛商场,一边聊天,因为商场人多,即使对方心怀不轨也很难找到下手的机会。

充满期待的周日终于到了。吃完午饭，艺星就开始梳妆打扮，第一次和网友见面，自然要多花点心思。

艺星按时来到商场门口，顺利地与网友碰头了。他是个身材高大的男生，染着金黄色的头发，看起来二十多岁。艺星对他的第一印象不太好，觉得他像个街头小混混。但是既然见面了，她也不好意思马上说"再见"。于是他们一边逛商场，一边聊天。艺星发现他其实不善言谈，说话总是吞吞吐吐的。而且，没想到逛了一会儿他就随便起来，竟然主动去牵艺星的手。艺星生气地甩开他的手，愤怒地说："请你放尊重点，有你这么随便的吗？"可"小鲜肉"竟然嬉皮笑脸地说："去我家吧，到那里可以尽情地聊！"

听到这话，艺星感觉事情不妙。在她绞尽脑汁想怎么终止约会时，"小鲜肉"紧紧抓住她的手，拉着她就往商场外面走，任凭她怎么挣脱，对方就是不放手。紧急时刻，艺星突然抱住迎面走过来的陌生阿姨喊道："妈妈，您怎么来了？""小鲜肉"看到艺星的"妈妈"，赶紧扭头走了。

就这样，艺星逃脱了"小鲜肉"的魔爪，在向那位阿姨道谢后，一路狂奔回家。这件事让她明白了，网络世界和现实生活真的不该混为一谈，这场荒诞的网恋终究是一场枉恋！

专家解读

关于网恋的话题可谓多如牛毛。对于网恋，每个人都有自己的看法：有的人避而远之，唯恐不小心被网友陷害；有的人觉得无所谓，认为如果遇到了自己喜欢的人，在网上来一场精神恋爱也是不错的；有的人认为网恋虽然浪漫，却太虚无，美丽过后总会留下痛苦，想尝试又害怕。

网络有着巨大的魅力，它能让陌生的人相识，就算天各一方，也能因为神奇的网络而拉近距离。我们的生活因为有了网络而变得更加精彩生动，很多青少年都拒绝不了网络的诱惑。

青春期的女孩学习任务重、心理压力大，加之现在大多是独生子女，如果平时家长、老师与她们沟通得不多，那么上网交友聊天便成为她们缓解压力的一种方式。这种方式打破了现实生活中与异性交往所受到的限制，而且家长、老师也很难知晓，因此她们可以尽情宣泄自己的情感，这让她们感到特别自由。

遗憾的是，不少女孩把虚拟的网络空间当成了现实，陷于网恋中难以自拔。有的女孩为此荒废了学业，甚至还有一些女孩为了去见网友，不惜离家出走，给自己带来不可挽回的后果。所以，提高自我保护意识，防止掉入网恋陷阱，是青春期女孩应该重视的问题。

延伸阅读

大多数网恋的走向趋势

1　通过微信或 QQ 聊天
网友可分为有共同语言与无共同语言两类，无共同语言就不再联系。

2　有共同语言会互换照片
互换照片之后，觉得好看的会继续聊，觉得难看的就会拜拜了。

3　同城约见面
同城会继续聊，不同城市会慢慢地不再联系。

4　见面后看能否相处
能相处的继续聊，不能相处的就会拜拜了。

5　相处一段时间后
各种问题暴露，最后无疾而终。

6　结论：网恋的结果即结束
网上还有很多女孩被骗的故事，所以女孩应谨慎与网友见面。

> **妈妈说给青春期女孩的话**

不可否认，在现实生活中，很多人喜欢戴着面具，不在他人面前流露出真情实感。这样的我们难以坦诚地向别人倾诉，为此我们感到疲惫。而在虚拟的网络世界中，我们少了许多压力，可以抛开所有的伪装，大胆地说出心里话，这样的交流无形中拉近了人与人之间的心理距离。

在现实生活中，也许你很难将"我爱你"三个字说出口，但在网络中，你却可以不厌其烦地将其一遍又一遍地"喊"出来，还可以轻松地把"吻"和"拥抱"送给别人。此外，你甚至可以来一段网络婚姻，所有这一切，虽然都是虚拟的，却让人感到真实而甜蜜，与现实中的恋爱一样让人怦然心动。

网恋的魅力在于网络的虚幻，而这种虚幻也恰恰是它的危害所在。如果你天真地认为网络是一片乐土而流连忘返，很容易对自己造成危害。妈妈想告诉你的是，网恋的浪漫根植于虚拟的网络之上，如果你沉迷其中，把网恋真的当回事，很可能得不偿失。

当然，也有许多人在网上相识、相爱，变成了现实中的恋人，并且相处得不错。但是，妈妈想说的是，并不是所有的网恋都有美好的结局，更多的是见光死。有人曾经说过："网络通常有三种人，第一种人在网上突出他的次要性格，第二种人在网上把自己变成他希望的那种人,第三种人在网上把自己变成不可能成为的那种人。"所以说,网络中的许多人戴着面具,你在网上喜欢的某个人,在现实中表现出来的可能是完全不同的人,或许这就是网恋成功率较低的原因吧。

　　网恋是否真实,不同的人有不同的答案。作为一种交流手段,网络聊天与现实中的聊天并没有什么本质的差别。换句话说,网在两个人之间只是交流的工具,关键在于恋,如果你把网络聊天当作一种缓解压力、宣泄情绪的方式,那未尝不可;如果你将网恋太当真了,甚至答应对方的见面要求,妈妈不得不提醒你要小心了。你现在还没有踏入社会,对社会缺乏了解,也缺乏人生经验,因此要更加提高自我保护的意识。尽管我们不能武断地对网恋"判处死刑",但让你学会慎重对待、提高自我保护意识,还是很有必要的。

我不会和同桌日久生情吧

青春期小档案

人物　　俊妍

性格　　活泼开朗、热心肠

困扰　　同学们总是开我和同桌的玩笑,好像只有我一个人当真了。

事件　　我一有时间就会偷看同桌,难道我真的对他日久生情了?

难道我真的喜欢他

俊妍和小航是同桌,他们从小一起长大,是非常要好的朋友。他们两家距离很近,两人经常见面,幼儿园和小学都在一个班上,升入初中后又被分到同一个班,甚至还做了同桌,这可让他们开心极了。可是,他们也有烦恼。小时候在一起玩没什么,自从上了初中以后,总有一些调皮的同学有意无意地开玩笑,说他俩就像一对小情侣。每次听到这种话,俊妍都会气得上前和同学解释,倒是小航很淡定,总是劝俊妍:"你别听他们瞎说,他们太爱闹了,逗你玩的。"

可是现在不仅男生这样说,有时女生也会这样跟俊妍开玩笑。这下,俊妍的心情再也平静不了了。她不明白,为什么同桌关系好就是"小情侣"?他们说出这样的话,难道就不脸红吗?虽然自己心里只拿小航当哥哥看待,但听到他们都这样说，她总感觉自己和小航之间的关系变得怪怪的。

她有时也会突然想小航此刻在做什么，难道她和小航真的是同学们口中的"小情侣"吗？这让俊妍很苦恼，同学们的玩笑让她感觉很不自在。那天，小航在看书，俊妍偷偷地打量小航，他确实长大了，已经不再是以前那个任由自己欺负的小"鼻涕虫"了。

小航发现俊妍在偷看自己，奇怪地问："你看我干吗？我是不是很帅？"俊妍的脸一下就红了，她心想："难道我真喜欢他？难不成我对他真的日久生情了？"

专家解读

青春期是一个人在成长过程中真正开始关注自己和异性的阶段，也是一个人正确认识自己和异性的开始。青春期的教育更多的应该是心理成长教育，是正确认识自我与异性关系的教育，而不是简单的生理健康教育，更不是简单的性教育。

这个时期的男生和女生都希望彼此之间可以自然大方地接触，而家庭教育、学校教育和社会教育都在尽力遏止男生与女生间的交往。至于胡乱传绯闻、跟着起哄、给女孩起外号等，有些是男生用来掩盖自己情感的招数，其实质是他们想向女孩表达好感但又怕被嘲笑。女孩往往会被一些绯闻所困扰，因为她们的一句话或一个举动就能莫名其妙地让她们成为绯闻的焦点，而同桌常是绯闻对象的最佳人选。

在青春期，女孩想要了解异性，同桌是最佳人选。他们之间往往会产生一种自然而美好的感觉，他们渴望交流，但这种交流却被大人严格制止。其实，你对同桌过多地在意，并不是"日久生情"，而是自然的心理反应。朋友之间相处久了还会多一份关心呢，更何况是经常坐在一起的同桌呢？

延伸阅读

奇怪，我为什么和他越来越像？

为什么两个熟悉的人会越来越像？

习惯因素：两个人在一起久了，会互相模仿，于是会出现行为同步的情况。

环境因素：两个人经常在一起，共享同样的环境，于是会越来越像。

妈妈说给青春期女孩的话

女儿，绯闻只不过是绯闻，很多时候同学们只是为了好玩说说而已，只要不去理会，过段时间就淡忘了。传言有时候可以当作是同学们在巨大的学习压力下的一种调侃放松，没必要当真。

或许你跟同桌之间是一种友情，但你往往又分不清是友情还是爱情。友情在词典里的含义是朋友间的感情，它是有着相同兴趣爱好或者相似性格的人之间的一种美妙的感情，是一种情感依赖，它跨越了性别界限，也没有范围和年龄的限制。

妈妈像你这么大的时候，也偷偷地喜欢过同桌，还认为那就是所谓的爱情，后来我才明白，那只是一种懵懂的好感。这种感觉很不稳定，或许今天我喜欢同桌，明天就喜欢班长了，后天又喜欢体育委员了，这只是青春期的一种情愫，是很正常的心理反应。

假如你对同桌并非只是好感，里面还掺杂着爱慕，那也是正常的。这种复杂的情感不是洪水猛兽，它就像一串酸酸甜甜的葡萄，只有等它成熟之后，才能品尝到果实的甜美。

假若你真的喜欢同桌，那就把他看成一个和你一样的平常人，淡化他的性别，多从精神层面去欣赏他，这样你和他交往起来才会多几分轻松、自然和坦荡。只有这样，对方才能更好地理解你、欣赏你。同桌之间日久生情很正常，喜欢一个人并不一定就要做恋人，把事情想得简单一点，让自己的视野开阔一点，相信你就能很好地处理与同桌的关系了。

第3章
接受正确的性教育

对于父母和孩子来说，性教育是一个不好随意聊起的话题。进入青春期后，女孩的身体悄然发生变化，女性的特征越来越明显。父母在对女孩进行性教育时，或多或少都表现得不自然，大部分羞于启齿。

然而，无论是家庭教育还是学校教育，都应该让女孩接受正确的性教育。只有让孩子正视它，才能真正地了解它，才能学会更好地保护自己。

为什么不能单独赴男生的约

青春期小档案

人物	潞菡
性格	大大咧咧
困扰	我答应男同学的约会邀请，难道错了吗？
事件	妈妈为什么不同意我和男生约会呢？

✳ 答应男生的邀请对吗

一天傍晚，潞菡放学回家，不经意间说道："我们班的高鸣明天过生日，他邀请我和他一起吃饭。"妈妈听了不禁吃了一惊，忙问："就邀请了你一个人吗？你答应了吗？"

潞菡轻描淡写地说："对呀，答应了。他既然邀请我，我就答应呗，不就是一起吃顿饭吗！"

潞菡妈妈听后一时不知道说什么好，过了一会儿，她装作漫不经心的样子问："那个男生为什么不多邀请几名同学呢？那样岂不是更热闹？"

潞菡神神秘秘地说："高鸣总是给我写纸条，还总想叫我一起出去玩。这次他生日邀请我，如果我不去感觉不太好，所以我就答应了。"

后来，潞菡把这件事告诉了同桌詹晗，引起了詹晗的疑惑。回到家里，詹晗神秘地问妈妈："妈妈，我的同桌答应了男同学的约会请求，但是她的妈妈不太同意。我想知道，我们能不能和男孩子约会呢？"

专家解读

女孩和男孩之间的交往，是青春期心理发展的需要。同龄人之间有相似的兴趣爱好，有很多共同的话题，通过思想和情感的交流，青少年可以互相了解、建立友谊，学会与人相处，同时忘掉学习和生活中的一些烦恼，这是件非常快乐、美好的事情。但是，青少年尚未成年，没有足够的分辨是非对错的能力，还不能准确把握人与人之间的交往尺度。

再加上处于青春期的孩子往往非常渴望与异性交往，希望与对方分享自己的感受，有时难免情感冲动，无法控制自己，做出傻事。所以，青春期的男孩、女孩，应该多参加集体活动，尽量避免和异性单独相处。

女孩如果收到男孩的约会邀请，不要惊慌、担心，一般来说，这只是青春期男生与女生之间产生的朦胧好感，虽然我们不提倡早恋，但这种纯洁、美好的感觉也是值得尊重的。女孩不要把这件事到处宣扬，这样可能会无形中伤害他人的自尊心，从而影响同学关系。我们可以委婉地拒绝对方的邀请，给对方冷静和认真思考的时间。

延伸阅读

与男孩相处时，女孩应注意什么？

1. 要保持心理上的距离
保留自己的隐私，保持一定的距离。

2. 不要夜不归宿
单独相处比较尴尬，注意保护自己，坚守底线。

3. 不要太过亲近
不要勾肩搭背，尽量减少彼此间的身体接触。

妈妈说给青春期女孩的话

男生约你，或许满足了你小小的虚荣心，毕竟这可以证明你的个人魅力，说明有人欣赏你。在青春期这个特殊的时期，无论男孩还是女孩，在情感上都会非常敏感。因此，面对别人的约会请求，如果你冷漠对待，可能会伤害对方的自尊心；如果你故作姿态、扭扭捏捏，对方可能觉得你虚伪、不真诚；如果你表现得傲慢，爱搭不理，则会伤害对方的感情，可能会因此失去一个好朋友……

对于此事，妈妈认为比较好的处理方法是对待同学要热情真挚、大方自然，你可以去约会，但妈妈建议你带一个女同学同去。在交往中要学会尊重别人，不要随意评论别人的缺点，不要嘲笑别人的相貌和穿着，不要看不起学习成绩不好的同学，不要随便给同学起绰号等。要知道，在与人交往中，只有你尊重别人，别人才会更加尊重你。

女儿，从你小的时候妈妈就经常告诉你：女生一定要矜持，这样才不会让人觉得你浅薄；女生要懂得自尊自爱，要学会保护自己，这样才能更好地成长。面对别人的约会请求，妈妈尊重你的意见，如果你觉得有必要赴约，那就接受别人的约会请求，不过要把握好尺度，比如不要和对方单独长时间共处一室，更不要去陌生的地方赴约。请听妈妈一句：防人之心不可无。很多性骚扰、性侵犯都是由一些熟人造成的。

如果你不愿意，可大方地告诉对方，为了不伤害对方和你之间的友谊，你可以找个理由委婉拒绝，比如你可以说"我妈要我在家打扫卫生，走不开"，这样既让对方容易接受，也容易让自己脱身，你说这样做是不是很好呢？

有性幻想并不能说明你是坏孩子

青春期小档案

人物	吴茜
性格	内向、腼腆
困扰	上课走神,脑海中总会冒出性幻想。
事件	幻想与男班长发生了不该发生的事。

❋ 梦境那么美,那么真

吴茜出生在一个书香家庭,从小受到良好的熏陶,被父母视为掌上明珠。进入初中后,吴茜已是一个亭亭玉立的大姑娘,父母经常教导她:"女孩子要矜持,不要和男生走得太近,否则容易学坏。"吴茜把父母的话牢牢记在心里,着实是一个乖乖女。

清晨,吴茜从梦中醒来,朦胧中还记得梦中的情景:自己与男班长恋爱了,男班长张开双臂,紧紧地搂抱着她。那种感觉很甜美,那种幸福感就好像真真切切地发生在现实生活中一样。

吴茜睁开惺忪的双眼,想起刚才的美梦,又闭上眼,用幻想延续梦境。大学毕业后,男班长依旧帅气,考了个公务员,在一线城市的检察院工作。吴茜在人潮涌动的街头,与他相遇,简单的几句寒暄,就让两颗心紧紧地贴在了一起。接下来,他们约会了,他开车带她来到一片幽静的山林,鸟儿高鸣，风儿轻拂，他们手牵着手。接下来，他用他有力的臂膀圈住她的细腰，埋下头温柔地吻她……

就这样幻想了近一个小时，吴茜才不情愿地起床。起床之后，吴茜转念一想，平时都很少和男班长交流，怎么会梦到和他在一起？以后还是躲着他走为好。

来到学校，吴茜感到精神恍惚，遇到班长后她觉得浑身不自在。她的眼睛看着黑板，脑子里却又浮现出种种幻想。"不行！不行！"吴茜不断地提醒自己，她责备自己变坏了，发誓要赶走幻想。然而，她越是强迫自己不去想，那种场景就越在自己的脑海里兴风作浪。吴茜特别担心，她害怕父母、老师和同学们看出自己灵魂的丑陋。

专家解读

青春期的女孩有性幻想是正常的，这不代表你就是坏孩子。性幻想是性成熟之际在特殊的性行为倾向的基础上出现的正常的生理现象。此时的你对性知识感兴趣，对异性生理结构好奇，对生育原因想要探索，继而对异性产生好感、爱慕和向往。平时和异性接触时，你还可能会出现紧张、兴奋的状况，并关注自己对异性的吸引力，很想在异性面前出色地表现自己。

青春期的女孩之所以产生性幻想，是自身性心理的萌发，也是对性知识一知半解、对性冲动缺乏自控能力的表现。

很多青春期的女孩都有这样的疑问：在青春期对异性渴望正常吗？为什么我总是幻想和异性亲近呢？其实这都是正常的心理。到了青春期，女孩对性高度敏感，看到有关的书籍、影片或图片时，会情不自禁地想入非非。有的女孩会认为自己思想肮脏、行为龌龊，甚至认为自己变坏了，为此感到很惭愧，其实这是没有必要的。

要知道，青春期性幻想是青少年在发育过程中遇到的正常生理现象。人的性腺在出生后基本处于沉睡状态，在儿童时期是不会产生性兴奋的。到了青春期，性腺才开始发育并日趋成熟，在它的作用下，会产生性激素。在雄性激素和雌性激素的刺激下，产生性意识、性冲动、性幻想，这是青春期发育中再正常不过的现象了。

适当的性幻想是可以理解的，它是青春期心理需求的合理宣泄，没有什么副作用和负面效应。有这种性幻想，也不是什么见不得人的事，无须自责。不过，凡事要有度，倘若长期沉浸其中，或以幻想替代现实，就会影响正常的生活和学习，浪费宝贵的时间，甚至会做出错误的行为。

所以，平时我们可以多和异性交往，通过交往可以弱化异性的神秘感，淡化幻想中的情感体验。我们还可以多参加一些文娱活动、体育锻炼和集体游玩活动，充实自己的生活。

妈妈说给青春期女孩的话

著名的性教育工作者贺兰特·凯查杜里安曾说过："在所有幻想中，性幻想是最为普遍和常见的，很难想象什么样的人会没有这种心理。在性幻想的过程中，会伴有相应的情绪反应，如欣喜若狂或郁郁寡欢，由此获得一定程度的性满足。"

对处于青春期的女孩来说，有性幻想是正常的生理和心理现象，但并不等于说可以放纵自己、沉湎其中，毕竟青少年所要面对的事情还有很多，不应该把精力浪费在这方面，而应该专心学习，积极参加课外活动，锻炼自己各方面的能力。所以，女儿，妈妈给你提出三点建议：

第一，不要太把性幻想当回事，如果不由自主对一个人产生了性幻想，不必为此感到自责和害怕，你越是平淡地对待，性幻想越容易消失。

第二，平时多关注一些校园活动，把精力集中到学习和丰富多彩的活动中去。当你忙碌的时候，也就无心去幻想了。

第三，不看淫秽书刊、影视等，因为那些东西对你的身心健康是不利的。

女儿，妈妈最想对你说的是，每个人的大脑活动都有一个特点，就是同一时间只有一个兴奋中心，也就是说"一心难以二用"。如果你能满怀热情地去做那些有意义的事情，那么性幻想自然会不辞而别。

怎样防止性骚扰

青春期小档案

人物	木易
性格	内向腼腆、柔弱善良
困扰	放学乘坐公交车时,遇到了色狼,若再遇到这种事,我该怎么办?
事件	再也不敢坐那路公交车了。

☀ 公交车遇色狼,老爸有妙招

这天,木易回到家,很不开心,晚饭也只吃了一点。木易的爸爸老杨的第一反应是闺女谈恋爱了。怕女儿害羞不敢告诉自己,老杨让妻子先私下问问,可这一晚什么也没问出来。

第二天,木易该去上补习班了,可她出门前很犹豫:"我不想坐原来那路公交车了……"爸爸妈妈很疑惑,连声追问才知道,女儿前一天晚上坐公交车被人偷偷摸了一下。老杨大怒,可刚一瞪眼就留意到女儿委屈得快哭出来了,他想道:补习班可以晚点去,得先把道理给女儿讲明白。他告诉女儿:"遇到这种事,没什么可害怕的。做这种事的人其实特别心虚,他们才害怕呢!万一再遇到坏人,你可以眼睛直视他,用目光震住对方,然后远离他。咱们不惹事,可是遇事也不要怕,你要学会应对。"老杨的话被木易牢牢地记在了心里。

接下来的一段时间，木易按照爸爸的教导，遇到男乘客贴得较近时，就刻意避开。而老杨则在暗中陪女儿一起乘车，以便随时施以援手。或许是爸爸传授的方法管用，木易此后再也没遇到过色狼，而那次性骚扰也没给她留下心理阴影。每当回忆起那一幕，她仍然很佩服地说："爸爸很厉害，遇上那种事心里特别别扭，爸爸让我觉得他什么都能解决，他能保护我，我什么也不用怕！"

专家解读

性骚扰已经不是新话题，可能很多女孩都曾遭遇过。一位女作家曾在自己的文章中写道："凡是有女性涉足的场所，几乎都存在着不同程度的性骚扰。"显然女孩受到性骚扰已经不再是什么新闻，为什么性骚扰事件如此猖獗呢？这或许与女孩面对性骚扰时的态度有关，有些女性觉得不好意思就不敢反抗，导致对方得寸进尺，而最终受害的还是女孩。因此，女孩必须学会防范性骚扰，提高自我保护意识。

性骚扰，顾名思义，即有性意味的骚扰，指以性欲为出发点以带性暗示的言语或动作侵犯被骚扰对象，引起对方不悦，通常是加害者肢体碰触受害者性别特征部位，妨碍受害者行为自由并引发受害者的抗拒反应。性骚扰表现形式尚无统一界定，一般认为有口头、行动、人为设立环境三种方式。有律师表示，违背受骚扰人的意愿，故意做出或者发出性行为或者挑逗，使对方的身体、心理产生不适、不快的都属于性骚扰。无论是口头还是行动，都会使对方感到难堪。

性骚扰的方式可谓形形色色，从行为或情节上看它比性犯罪的野蛮程度要低很多，但这无法改变它"不受人欢迎"的事实。性骚扰通常会给女孩造成极大的心理伤害，如：让女孩有耻辱感，损害女孩的自我形象、自尊、自信等。如果一个女孩屡次遭遇性骚扰，她就很容易怀疑自己的价值。性骚扰还会增加女孩对异性的厌恶和恐惧，使她生活在恐惧、怀疑和压抑之中。人有想象的天性，不愉快的想象可能使女孩患上异性恐惧症，以致严重影响她对异性的整体认识。

女孩必须学会自我保护，这样才能有真正的安全感。在一般的人际交往中，女孩与异性交谈要落落大方，尽量避免使用过分女性化的言辞和腔调。一旦遭遇性骚扰，要学会冷静处理，千万不要惊慌失措，也不要用伤害性的语言攻击对方，以免激怒对方。

延伸阅读

性骚扰应对之策

- **脱离战术**：三十六计走为上策，逃走或摆脱对方是最常用、也是最安全的方法。
- **求助战术**：面对性骚扰时，高声呼喊是最直接的方法。
- **欺骗战术**：在必要的时候，欺骗也是不错的战术，能有效地保护自己。
- **说服战术**：一般只适用于比较熟悉的人。

妈妈说给青春期女孩的话

女儿，今天妈妈要告诉你的是如何防范性骚扰和性侵害，除了"延伸阅读"中介绍的几个战术外，你还应该注意做好预防。在日常生活中，注意避免穿着袒胸露背或超短裙之类的服装去人群拥挤或偏僻的地方。外出时，尤其是去陌生的环境，要注意那些不怀好意的尾随者。如果有人骚扰你，应当及时回避或报警，不要有丝毫的犹豫不决。做到以上几点，相信你一定能够保护好自己，不让坏人得逞。

你对艾滋病了解有多深

青春期小档案

人物	雨蔓
性格	大大咧咧、急脾气
困扰	拥抱艾滋病患者，真能被传染吗？
事件	出门逛街看到艾滋病患者，最终还是没敢上去给她一个拥抱，很遗憾！

你会拥抱艾滋病患者吗

一个周末，雨蔓、小雅和小欣一起去逛街，她们在繁华的街道随意走着，突然看到有个女孩举着一小块广告牌，上面写着："我是艾滋病患者，你愿意给我一个拥抱吗？"

周围的人只是看着，没人敢上去给她一个拥抱。雨蔓刚想上去拥抱，却被小雅拉住了。小雅说道："你不知道艾滋病会传染吗？"小欣也在一边说："艾滋病是很难治愈的，堪比癌症，一旦被传染，几乎就没有希望了。雨蔓，你还是小心点为妙。"

雨蔓若有所思，转过头对小雅和小欣说："老师不是说过血液、性行为、母婴才是艾滋病的传播途径吗？我只是上去拥抱她一下，应该没什么吧？"小雅一本正经地说："我对艾滋病只知道一点点，其他的还真不知道，但若是你上去拥抱了她，她拿着针扎你一下呢？还是谨慎些好。"小欣在一旁连连点头。

雨蔓被小雅和小欣拽着往商场方向走，她时不时回头看看，发现没有人上去给女孩拥抱。雨蔓心想：只是一个简单的拥抱，为什么就不能给呢？不过她又想到小雅说的话，为了保护自己，还是收起泛滥的同情心吧。

专家解读

一提到艾滋病，人们就会联想到很多不好的词语，又因为一些感染艾滋病的是从事色情行业的人，所以，一直有"谈艾色变"的说法。

艾滋病是由"人类免疫缺陷病毒（英文缩写为HIV）"引起的，是由病毒侵入人体后通过破坏人体免疫系统，使人体发生多种不可治愈的感染和肿瘤，最后导致被感染者死亡的一种严重的传染病。艾滋病的潜伏期通常较长，潜伏期症状难以辨别。

我们知道艾滋病病毒主要存在于艾滋病病毒携带者和艾滋病病人的血液、精液、阴道分泌物、羊水及乳汁中，偶尔也可在唾液、尿液和汗液等其他的体液中发现。

现已证实，艾滋病病毒传播途径主要有以下三种：

第一，性传播。约75%的艾滋病病毒感染者是通过无保护的性行为而感染的。

第二，血液传播。约5%的成年人感染者是通过静脉吸毒感染，约3%的成年人感染者是通过输血或使用血制品感染。其他的像注射器、手术器械、口腔科器械、接生器械不消毒或消毒不彻底也可造成医源性传播。日常的理发及美容用具、浴室的修脚刀不消毒或与他人共用剃须刀、牙刷等也能引起感染。

第三，母婴传播。受到艾滋病病毒感染的孕妇可通过胎盘将艾滋病病毒传给胎儿，也可经产道及产后血性分泌物、乳汁等传给婴儿。

延伸阅读

面对携带艾滋病病毒的感染者，我们无须恐惧，以下途径一般不会感染。

语言交流　拥抱　握手　打喷嚏　咳嗽

泳池　一同洗浴　卧具　公共办公用品　公用电话　共同用餐　公用工具

妈妈说给青春期女孩的话

女儿，妈妈想要告诉你，艾滋病病毒虽然很可怕，但是它只要离开人体就会很快死亡，所以艾滋病不会通过日常生活中的社交接触来传播。有人说蚊子叮咬也会传播，这种说法是不科学的。因为艾滋病病毒在蚊子体内不能繁殖，而且蚊子吸入血液后就不会再吐出，即使蚊子嘴上有残留的血液也是微乎其微的，所以蚊子叮咬不会传染。

艾滋病不是绝症，只是一种慢性病，从预防艾滋病传播的角度来讲，你要学会保护自己，但你也要有爱心，不要歧视那些艾滋病病毒的感染者，他们中的很多人都是在没有保护意识的情况下被感染的。还有很多孩子是因为父母而被传染，他们和我们一样，拥有享受生活的权利，我们应该学会关心和理解他们。

第4章
成长中的烦恼

有人说,青春期一半是明媚,一半是忧伤。明媚是因为这段时期充满美好的回忆,忧伤则是因为总会遇到成长的烦恼。人长大了,烦恼也就多了,步入青春期的女孩不论身体上还是心理上都会产生巨大的变化。在这变化中,难免会产生各种烦恼。

没有来由的怒火、家庭的变故、内心的小秘密以及那颗躁动而又叛逆的心充斥着整个青春期。若把成长比作一张白纸,那么烦恼便是附在纸上的一个瑕疵,甩不掉、逃不了。我们只能用一颗平静的心去面对,过滤掉烦恼,这样才能健康、快乐地成长。

爸妈要离婚，我以死相逼

青春期小档案

人物　　依柔

性格　　温柔、文静、内敛

苦恼　　爸妈要离婚，他们到底有没有为我着想过？

事件　　为了阻止爸妈离婚，我闹自杀。

爸妈要离婚，我拼了命阻止

我叫依柔，在我15岁之前，我一直都觉得自己很幸福。家里就我一个孩子，爸爸妈妈都非常爱我，无论我有什么要求他们都会尽量满足我。但是，在上个月，我收到了一个如晴天霹雳般的消息，那就是爸妈要离婚！他们离婚的原因是彼此没感情了，在一起总是互相看不顺眼，之前的恩爱都是装出来的，现在他们无法忍受彼此，觉得分开才是最好的选择。

这天，妈妈做了一桌好吃的，看上去很隆重。我苦笑着说："这是要吃散伙饭吗？"只见爸妈尴尬地笑了一下，然后妈妈对我说："女儿，爸爸妈妈因为一些事情没有办法继续相处下去，但我们对你的爱不会少。以后爸爸妈妈也不是仇人，我们会成为朋友，只是现在我们作为夫妻实在很难和睦地生活在一起。"爸爸也说："女儿，我们离婚后，可能很多人会问你父母为什么离婚，你可以坦然地说出你的想法，而且你想跟谁住在一起都行，每个星期我们都会和你见面。你有什么要说的吗？"

我听到他们的说辞，瞬间爆发了："你们离婚我不能接受，我不想没有家，更不想变成只有妈妈或者只有爸爸的孩子！"然后，我饭也没吃，气冲冲地回到自己的房间，拿出纸笔，开始写遗书，我想以自杀来威胁他们，以此来保全这个家。写好遗书后，我径直走到楼顶，爸爸妈妈也跟了上来，他们轮流地求我，但我脑海中只有一个念头：不让他们离婚！如果我把事情闹大，他们可能就不会离婚了。

但是我的做法并没有改变他们的决定，结局令我很痛心，他们还是偷偷地办理了离婚手续，还派小姨来做我的思想工作。现在一想到家没了，我觉得天都塌了，不知道以后该怎样去面对生活。

专家解读

我们知道，现在离婚率上升，最受伤的就是孩子。因为两个人的感情不和，让一个家庭破碎，这会给孩子带来无形的压力。而现状是父母要离婚，从没考虑过孩子的感受，孩子并不是父母离婚的评判官。

世界上没有哪个孩子不在意父母离婚，尤其是天性敏感、感情脆弱的女孩。进入青春期的女孩已经渐渐具备成熟的心智，面对父母离婚，一时间或许很难理解，但只要父母好好引导，真诚地与她沟通，引导她站在父母的角度去思考，她会慢慢地接受这件事的，就不会像依柔那样偏激，通过以死相逼来阻止父母离婚。

女孩，你现在虽然还未成年，但你也有自己的思想和见解，如果你知道父母是为了你才忍耐地生活在一起时，你会不会心痛？当爸爸妈妈为了给你一个表面上看似完整的家，守着他们那残缺不全的婚姻时，你还能感到温馨吗？不会，当你有一天知道真相，这只会给你带来更大的伤害。

每个进入青春期的女孩都不希望父母的婚姻出现问题，有的人会像依柔那样，认为爸妈不在一起了，天就要塌了。这种想法是错误的，女孩，你要明白，父母的家不会是你永远的家，父母的人生也不能全是为了你。如果分开是令他们更幸福的选择，那你能做的最好的事就是尊重他们的选择。他们各自幸福地生活想必是你想看到的，这样也是对他们各自人生的交代。你要明白，即使他们不在一起，还是你的爸妈，还会永远爱你，那么何不坦然接受呢？

延伸阅读

父母离婚对孩子的影响

1. **容易对生活和学习缺乏信心**
他们在心理上会认为自己不健全，与别的孩子不同，缺乏信心。

2. **容易造成性格缺陷**
离异家庭往往会让孩子形成不健全的性格，给他们的心灵留下阴影。

3. **心理创伤需要很长时间去愈合**
对孩子的心理创伤往往会很深，他们有时会表现得不可理喻，以此来表达自己的不满。

妈妈说给青春期女孩的话

女儿，妈妈希望你明白，大人之间的感情不管变成什么样，都不是你造成的。妈妈很内疚没有给你一个完整的家，但是我和爸爸永远爱你。我们不是因为你而选择离婚的，妈妈也不想给你一个虚假的家庭。

大人的感情世界太复杂，妈妈知道不应该让你在这个年龄承受这种压力，但是你要相信，不管我们以后在哪里，我们永远是你的爸爸妈妈。妈妈只希望你不要因为我们大人的情感问题而自暴自弃，做出傻事，这样只会让我们更自责。或许在你眼中我们是自私的，我们没有考虑你的感受，但我相信，等你长大了，你便会明白妈妈的苦衷。

被父母窥探隐私，我该怎么办

青春期小档案

人物	宇萱
性格	活泼开朗、温柔
苦恼	妈妈总是偷看我日记，我的密码锁不知道换了几次了。
事件	妈妈窥探我隐私时，正好被我撞到。

✳ 初中生就没有隐私吗

宇萱是一名初中生。有一天，她早上出门上学，没走多远，突然想起作业忘带了，就急急忙忙掉头往家跑。当推开自己的房门时，她看到妈妈正拿着她的日记本翻看，她的抽屉全被打开了，好几本日记都被妈妈翻开了。宇萱愣住了，质问妈妈："你为什么翻我的抽屉，随便看我的日记？"

没想到妈妈的火气比她的更大："怎么了？我是你妈妈，看你的日记有错吗？"

"可是你没有经过我的允许，你这样做是不对的！"宇萱很愤怒地说。

"小孩子有什么允许不允许的，别忘了我是你妈妈！好了，快去上学吧！"妈妈不屑一顾地对宇萱说。

经历了这次事件，为了对抗父母的窥视，宇萱绞尽脑汁，想了很多办法。那时，她最喜欢做的事就是把自己反锁在房间里，甚至在放学后偷偷地溜进家，让父母以为自己还没有回来。她感觉偷来的清静特别珍贵，哪怕只有片刻也好。

专家解读

为什么你喜欢把抽屉上锁呢？为什么你那么反感父母偷看自己的日记呢？为什么你不想让他们看你的手机呢？这是因为进入青春期的你有了强烈的独立意识，拥有了自己的隐私，渴望被他人尊重，这是你具有独立意识和自尊心的一种体现。而且，进入青春期后，你对父母的依赖逐渐减少，独立意识越来越强烈，成人化倾向明显，希望自己的自主性和独立性得到尊重。

尤其是当你不想与人交流时，你会喜欢把自己的想法写在日记里，这就是你心里的秘密。为了自由，你的秘密越来越多。时间久了，你会觉得自己跟父母就像玩起了捉迷藏游戏：一个躲藏，一个寻找；一个隐瞒，一个窥视。这样有意思吗？你可能觉得没意思，其实父母也觉得没意思。为了不让双方的关系变得太糟糕，我们可以摆正心态，以朋友聊天的方式与父母多沟通，让他们明白你在想什么，让双方都有自由的空间，这样既可以保护好自己的小秘密，又不伤害和父母的感情，何乐而不为呢？

延伸阅读

内心的一种珍贵体验
用日记的形式来记录自己的内心世界。

自我意识的成长
锁在日记本里的不是秘密，而是飞速成长的自我意识。

走向独立与成熟的关键
拥有个人秘密象征着有了自己的小世界，这是每个孩子成长的必经之路。

锁在日记本里的秘密

第 4 章 / 成长中的烦恼

> **妈妈说给青春期女孩的话**

女儿，你知道吗？当你进入青春期后，我不知道该怎样爱你了，或许你也不知道该怎样接受我的爱了。青春期的你心思会变得更加细腻，情绪会变得更加敏感，就像走在即将解冻的冰面上，随时都有可能跌入水中，被坏情绪浸得满身冰凉。

当我忍不住翻看你的日记时，你表现得气愤不已。看到你极为不满的表情，我很难过。我之所以这样做，是为了更好地了解你，这是真心话，不是在为翻看你的日记找借口。如果平时你能多与我交流，说说心里话，讲讲近期发生的事情，我也就不需要通过偷看你的日记来了解你了。

说到这里，我不禁感到抱歉。因为工作繁忙，我忽视了你这个渐渐长大的孩子，没有抽出时间和你沟通，这也导致你在一定程度上不愿和我交流。当你发现自己的隐私被窥视了，之所以会非常生气，是因为你觉得自己没有得到尊重。还有一点就是你体内激素在起作用，因为你处在青春期，激素分泌旺盛，这也会对你的情绪产生一些影响，有时还会让你的情绪起伏不定，一会儿满怀希望，一会儿沮丧消沉。这种负面情绪还会引起恐惧、怨恨和愤怒。

说了这么多，妈妈最想说的是，我知道你有了独立的意识和想要获得尊重的心理，我知道窥视你的隐私是不对的，今后将不再那么做。只希望你能像小时候那样敞开心扉，与妈妈保持畅快有效的沟通，当你有困扰的时候，不妨跟妈妈讲，那样妈妈会很高兴的。

不用你管，能不能别烦我

青春期小档案

人物	思昂
性格	敏感、内向
苦恼	最近总是跟妈妈顶嘴，是不是不太好？
事件	惹妈妈伤心了。

❈ 脾气随着年龄见长

大概每个人小时候最亲近的人都是妈妈，思昂也不例外。小时候的她每天跟在妈妈屁股后面，就像条小尾巴一样。但是自从进入青春期，她突然变得非常奇怪，不仅不爱和妈妈在一起了，还常常和妈妈发生矛盾。

现在让妈妈最不能容忍的是，思昂的脾气非常暴躁，动不动就摔门而去。前些天，思昂不知道跟谁学会了说脏话，常常把脏话挂在嘴边。对于女儿的这一不良行为，妈妈苦口婆心地给她讲了很多道理，但是她根本听不进去，有时候还会不耐烦地对妈妈说："你别说了，真是太烦了。"后来妈妈也火了，每次发现思昂有不良行为时，都狠狠地教训她，有两次还气得差点动手打她。

经过几次教育，妈妈并没有改变思昂的行为，后来妈妈甚至发现女儿常常故意气自己，只要看到自己生气她就非常高兴。现在妈妈和思昂的关系闹得非常僵，妈妈常常想，该用什么样的方法和女儿好好地沟通呢？思昂也想不明白，为什么自己一听到妈妈的说教就会感到非常烦躁，控制不住自己的情绪。事后，她也知道自己说出口的话非常伤人，却不知道怎么办，她很苦恼。

专家解读

进入青春期的女孩经常感到困惑："明明自己长大了，是个中学生了，为什么爸妈还要严厉地限制我的自由？交朋友、学习等，都不能自己做主。有时候真想对父母大喊一声'不用你管，能不能别烦我'！"

很多女孩进入青春期后，往往会发现自己已不是那个乖巧、可爱的女孩了，相反却变成了一个喜怒无常、动不动就想和父母吵架的不安分子，甚至学会了说脏话，动不动就吐脏字，自己有时都难以接受，父母更是不能理解。其实，这是青春期女孩的一种叛逆，出现不听话、情绪不稳定、吐脏字等表现都是很正常的事。

德国著名的儿童心理学家夏洛特·彪勒就曾把青春期称为"消极反抗期"。在青春期，由于孩子的身心逐渐发展和成熟，很容易对生活采取消极反抗的态度，否定以前发展起来的一些良好品质。

从生理上来说，青春期孩子的叛逆是由中枢神经系统的兴奋过度引起的。科学研究表明：当中枢神经系统的功能与个人身体相应部分的活动之间形成某种一致的时候，人的身心方面就会处于和谐的状态。但是，青春期的孩子因为中枢神经系统处于过分活跃的状态，所以对于周围的刺激，如他人的态度和评价等会表现得非常敏感，反应也非常强烈，从而出现叛逆表现。

青春期时女孩进入第二逆反期，自我价值观逐渐完善，向往独立，喜欢表现自己，特别渴望得到外界的肯定。随着身心日趋成熟，以及迫切希望谋求独立，她们开始反抗老师、父母，通过这些反抗行为来证明自己长大了。

此时，父母和老师的引导就变得非常重要，父母们不要总是抱怨自己的女儿如何如何不听话、如何如何叛逆，而是应该多引导她们看到自己哪里做错了，哪里需要改正以及如何完善自己。这样，叛逆的女孩才会朝着正确的方向前进，才会变得更加积极努力。

延伸阅读

青春期女孩与妈妈的日常交流

你怎么就不爱学习呢？说啥都不听，想气死我呀！

学习！学习！我又不是学习的机器！

又在玩，能不能好好写作业？

不写，就不写，我的时间我做主，你别管！

我不管你，谁管你？我走的路比你吃的盐都多，你得听我的！

我已经长大了，我有自己的想法，不要你管，烦死了！

妈妈说给青春期女孩的话

首先，女儿，妈妈恭喜你长大了，进入青春期说明你快要成为大人了。都说青春期的孩子一半是儿童，一半是成人，真的很对。正因为如此，当你不断顶撞父母，反对父母做出的一切决定，拒绝父母的帮助，向父母关上心门的时候，我们并没有怪你。

其次，妈妈要向你道歉。很多时候，我们只是站在自己的角度看待你的叛逆问题，一味用声音来压制你，不能保持冷静。发现你的兴趣爱好会影响功课时，我们就不自觉地想要禁止，而没有真正了解你的想法，总是希望你能听话，却没有听听你的心声。以后，我们会尽量避免这些问题。

不过，女儿，妈妈想让你知道的是，父母的啰唆和老师的批评都是为了你好，是善意的，是为了让你健康发展。你要知道，老师和父母也是人，也有自己的喜怒哀乐，也会误解人，也会犯错误。所以，当你觉得自己被误解的时候，希望你宽容地接纳和理解，同时，也希望你把自己心中真实的想法说出来。这样，我们才能一起去寻找解决问题的方法，不是吗？

青春期是一个特殊的时期，爸爸妈妈尽可能做到体谅你、包容你，而你自己也要把握自我，虚心接受父母和老师的教育。遇到委屈的事你可以说出来，但是不要乱发脾气，因为这样只会让你更愤怒。

最后，妈妈希望你能够多多参加课外活动，不要把自己孤立起来，多走到朋友中间，多从集体中吸取力量，这样，你不仅会找到更多乐趣所在，还能发挥自我价值。更重要的是，当你沉浸在快乐中时，你的逆反心理就会慢慢消失，何乐而不为呢？

我为什么会变得越来越敏感

青春期小档案

人物 飞扬

性格 活泼开朗

苦恼 进入青春期后发现自己变了,变得非常敏感。

事件 总觉得有人在背后议论我,该怎么办哪?

❋ 发现自己越长大越敏感

飞扬一直以来都是一个活泼开朗的小女孩,但是自从上了初中,她发现自己变得非常敏感。

每当听到身后有同学围在一起窃窃私语时,她都怀疑那些人是在说自己。还有,如果她主动邀请同学一起看电影却遭到拒绝,她就会想是不是有人说了她什么坏话,让同学都不爱理她了。

她越是怀疑有人说她坏话,就越是不敢和别人多说话。渐渐地,飞扬变得沉默寡言。别人跟她打招呼时,她也只是笑笑,并不多说什么。但就算这样,飞扬还是会遇到让她耿耿于怀的事情。前两天,她发现自己的橡皮擦不见了,只好向前面的同学小元借用,恰好小元也没有橡皮,无法借给她。这本来是件很正常的事,但是飞扬却觉得小元讨厌她,故意不借给她。

就在当天,下午课间休息时,飞扬听到小元和旁边的同学在小声议论着什么事情,隐隐约约中,她好像听到了自己的名字。

"他们是在说我吗？我没有得罪他们哪，难道他们对我有什么误解？"飞扬不停地在心里犯嘀咕，脸憋得通红，恨不得把耳朵凑过去听个清楚。

因为总是这样疑神疑鬼，飞扬觉得自己越来越不能全神贯注地上课学习了。她很苦恼，可是又不知道该跟谁说。

专家解读

敏感是指感知较为敏锐，即对外界事物反应很快。对于青春期女孩来说，适度的敏感是正常的，也是可以理解的，毕竟青春期女孩正处于自我意识强烈、对自我比较关注的年龄段，这时，适度的敏感对保护自己是有帮助的。

但是，如果神经绷得太紧，一个很小的动静都会让你静不下心来，这种敏感就会上升到性格层面。虽说性格并无好坏之分，但是如果过于患得患失、庸人自扰，就不能放松自己，也不能用理智、平和的心态面对身边的人和事，从而让自己失去很多朋友和进步的机会。

性格过于敏感的人会过度在意细节带来的感受，习惯将这种感受放大。敏感的人情绪总是不稳定，可能刚刚还在为一件小事烦恼，没过一会儿就被别的事逗笑。其实，敏感的人应该尝试换位思考，不要戴着有色眼镜看人，要相信身边的人大多是善良的。此外，敏感的人也有很多优点，如心思细腻、洞察力强等。

延伸阅读

在家庭方面，多是从小被家人严格保护起来。

在个性上，天生感情脆弱，多愁善感，经不起强烈刺激。

在生活方面，圈子较小，往往不能和同学打成一片，总是喜欢独来独往。

引起敏感心理的原因

> **妈妈说给青春期女孩的话**

身处青春期，很多人都会莫名其妙地敏感起来，看到有同学在窃窃私语就会联想到是在谈论自己。这原本算不上什么问题，但是如果敏感过了头，很长时间都摆脱不了这种状态，就需要多和爸爸妈妈或老师同学交流了。

生活中，我们难免会被他人恶语中伤。但有时候，是否被伤害可由你自己决定。如果别人并没有恶意，只是你自己胡思乱想，总感觉受了伤害，那就是你过于敏感了。要改变这种状态，你可以尝试从以下几个方面入手：

1. 保持良好心态，不要过于关注别人对自己的态度，也不去在意别人的窃窃私语。告诉自己，自己一切正常，没有什么可以让别人嘲笑或不满的。

2. 多参加课外活动和体育运动等团体活动，充实自己，放松心情，让自己融入一种积极向上的氛围中。

3. 直接找对你有意见或看法的同学谈话，但是一定要平心静气，如果有什么误会，要尽快消除。

女儿，妈妈还有一句话要告诉你：良言一句三冬暖，恶语一句六月寒。在别人没有当面对你进行言语中伤时，你千万不能仅凭自己的想象去跟别人吵架。凡事要往好的方面想，让自己的眼光放宽些、放远些。

人不叛逆枉少年，总想叛逆一回

青春期小档案

人物	宇婕
性格	温柔、叛逆
苦恼	生活在离异家庭，不希望妈妈再嫁。
事件	看到别的男人追求妈妈，心里不痛快。

自从你打了我

宇婕的爸妈离婚多年，她与妈妈一起生活。一天，宇婕参加完学校的合唱团排练后，回家有点晚。走到家门口，她看到妈妈和刘叔叔坐在院子里的葡萄架下，妈妈在缝衣服，刘叔叔在看书，两人不时地轻声聊几句。当妈妈的头发垂下来时，刘叔叔伸手帮她把头发拨到耳后，妈妈脸上带着满足和幸福的表情。

那一瞬间，宇婕再也无法控制自己的情绪。她径直冲进院子，噔噔噔地上楼，一脚踢开卧室的房门，放下书包后又来到院子里，猛地夺过刘叔叔手里的书，狠狠地掷在地上，大声说道："不许你看我的书，这是我家，我不欢迎你，你走！"

见宇婕如此无礼，妈妈非常生气，抬手要打她，却被身旁的刘叔叔制止了，他劝道："别打孩子，她还小！"这原本是长辈对晚辈的一种爱护，却被宇婕视为假心假意。宇婕冷笑道："你少装模作样地充当好人，谁不知道你喜欢我妈妈，来我家就是为了见我妈妈，你不要痴心妄想了，我是坚决不会同意的……"

刘叔叔愣在原地，脸上十分尴尬。妈妈再也听不下去了，勃然大怒，给了宇婕一记响亮的耳光，大声吼道："你胡说些什么？给我闭嘴，你今天怎么了？吃错药了吗？"宇婕捂着肿痛的脸，流下了委屈的泪水，她大声地说："我恨你们！我恨这个家！"然后，她冲进了卧室，重重地关上了门。

第二天，宇婕决定把自己变成坏女孩，她在耳朵上打了三个耳洞，把牛仔裤的膝盖处剪破了，染了红色的头发，还光明正大地逃课……

专家解读

在我们身边，变化最大的孩子往往之前都是乖孩子，到了青春期后却突然叛逆起来，变成了令人讨厌的"问题孩子"。不可否认，青春期是一个动荡期，这个时期的女孩从思想到情感都出现了质的变化。到了青春期，那个乖巧的女孩仿佛在一夜之间消失了，取而代之的是一个经常闷闷不乐、喜怒无常、情绪起伏很大的敏感叛逆女孩。

其实，在每个女孩的内心深处都有一种叛逆的念头，只不过有的孩子把这种念头埋藏得很深，一直没有爆发出来。但进入青春期后，由于生理和心理等方面出现了较大变化，在受到刺激时，内心的抗议可能像沉睡多年的火山一样喷发而出。

进入青春期后，那些乖孩子开始不喜欢总穿着单调的校服和妈妈为自己选的简单衣服；她们不想顶着一头简洁利落的短发，而是希望自己的发型更奇特一点；她们不愿意总是连声答应，也想抬起头顶撞几句；她们不甘心总是坐在兴趣班的某个角落，也希望在班上备受瞩目。

是的，不可否认，她们很想叛逆一回，把头发烫成爆炸式，染成红色、黄色，穿上奇装异服。可是很多孩子不敢做，害怕父母生气，害怕老师对自己有偏见，所以，她们只能压抑。或许她们在那些"问题孩子"的家长眼里是好孩子，看起来很乖，可是有时候她们却不这么看待自己，她们觉得自己太拘束、太标准化了，没有大胆的尝试和特别的体验对她们来说是一种无法弥补的遗憾。

延伸阅读

父母眼中的叛逆

自我意识强烈	经常与父母吵架	追求个性和独特	喜欢发脾气	养成了坏习惯
有了独立思考的能力，不再听从父母的安排。	我行我素，让她往东偏往西，就是不听父母的话。	穿破洞裤，染发，吸烟。	不被理解，脾气越来越大，态度逐渐转变。	喜欢上网玩游戏，不再听父母的话。

妈妈说给青春期女孩的话

女儿，妈妈不知道在你的心里是否有过"好想叛逆"的想法。妈妈知道你是个好孩子，你认真对待学习，努力做到"天天向上"，你静静地读书写字，默默地努力付出。

在青春期之前，你的努力可能充满动力，可是当你进入青春期后，你就可能按捺不住自己暗藏心底的叛逆情绪。看着身边一些花枝招展的时尚少女，再看看自己穿的普通校服，你不由自主地低下了头；看着电视剧里同龄的孩子打着耳洞，嘴里叼着香烟，你感叹她们好酷！

是呀，看着别人丰富多彩、生动绚丽的青春期，你会感觉自己的青春期是那么单调，除了学习还是学习。之前无心关注自己的相貌，现在开始关注了；之前不知道怎么打扮自己，现在开始想涂抹化妆品，穿低腰裤、吊带衫、高跟鞋了。你期待受人关注，被人崇拜。这种心情，妈妈比谁都能理解。

妈妈知道，你也想叛逆一回，也想找点新鲜的刺激，也想随心所欲一回。有的孩子一有空就在游乐场、操场或电脑上疯玩，而你却只能乖乖地坐在屋里写作业、看书，你可能会觉得非常枯燥。妈妈认为表达自己的意见未尝不可，你也可以为自己争取一些自由的空间，毕竟你已经进入了青春期，已经是个大人了，你有权利和能力掌控自己的生活。

可是表达自己的想法需要注意方式，一定要记住不可大吼大叫、大哭大闹，更不要摔东西。妈妈希望你在思想上可以"叛逆"一点，如对一个问题提出自己的观点、学会质疑他人的意见等，但在行为上要注意约束自己，要知书达理、友善待人，这是你获得良好人际关系的重要保障。

妈妈想告诉你的是，心中有怨气要及时发泄出来，这样对你的身心健康是有好处的。妈妈希望你把爸爸妈妈当成朋友，不高兴了可以向我们倾诉甚至是哭诉，当你倾诉、哭诉完，相信你内心的怨气也就逐渐消散了。

第5章
别在网络中游荡

网络拉近了你我的距离，却不知让多少单纯的少男少女迷失了自己。那个独特的网名，记录的不知是你当时的心情还是虚幻世界中真实的你。

网络世界是虚幻的，而我们生活在现实中，网络中的梦终会醒来。在这个人来人"网"的虚拟世界中，充斥着各种各样的陷阱，如网友见面被骗、朋友圈虚假代购、网络游戏及网络中的色情与暴力等，我们应该保持理智，不要让自己的身心健康受到伤害。

我想和网友见面，行不行

青春期小档案

人物	静然
性格	活泼开朗
苦恼	想和网友见面，总被妈妈阻拦。
事件	偷偷和网友见面。

❋ 在妈妈的跟踪下见了网友

这天，上初中的静然突然对妈妈说要去见网友，这可把她妈妈急坏了。因为静然只和对方在网上聊过天，虽然对方声称自己是和静然年龄相仿的女孩，但谁知道她是不是骗子，说不定对方是个男人呢！所以妈妈禁止女儿去见这名网友。

静然看到妈妈不支持，便对妈妈说："我早就知道你会有这个反应，但这个网友我见定了，只是告诉你一下。对方不是坏人，而且她家离咱家也没多远。"看着女儿坚定的眼神，静然妈妈知道这时再严厉禁止只会起到相反的效果，于是对静然说："妈妈刚才的担心是正常反应，毕竟你还这么小，我当然很担心你的交友问题，更何况还是网友，网上的骗子花样多得很。我可以让你见这名网友，但你要告诉我为什么非要见她，你在学校里不是有很多朋友吗？"

静然说："我们两个都喜欢打网球，并且决定每个周末都一起去打网球，这周就是先见个面，彼此熟悉一下。"

知道原因后，妈妈没再说什么。但女儿去见网友的当天，妈妈悄悄地跟着去了，以确保女儿的安全。静然的妈妈发现，和女儿见面的那个女孩的妈妈也跟在后面，和自己一样担心。后来，静然回家后说："妈，还是你好，我网友她妈妈还跟着，生怕我是坏人。"

专家解读

网络拉近了陌生人之间的距离，却也在亲密的人之间隔了一道屏障。曾有一项专门针对未成年人教育展开的调查，其结果显示，对孩子单独外出表示"很放心"的父母只占8%，"比较放心"的父母有20%，而回答"不怎么放心"和"完全不放心"的父母则分别占52%和20%。

有些女孩想见网友，无非是出于好奇。她们不明白，父母为什么不允许自己见网友。

青春期的女孩心思单纯，没有戒备心，又正处于渴望友谊的阶段，假如生活中缺乏朋友和家人的关心，而在网络中正好有个人可以耐心地倾听她的苦恼，那么就很容易让她对网友产生依恋，并且会有想要见面的冲动。

父母并不知道女孩渴望与网友见面的原因，他们出于对女孩的保护，才会想方设法地阻止女孩去见网友。

而女孩见网友的原因大致有出于好奇、学习压力大、内心空虚及无法和家人沟通等，无论什么原因，都说明在现实中她的某种心理需求没能得到满足。

青春期是人生中重要的特殊时期，生理上的变化加上心理上的变化，使得这个时期的女孩感到十分茫然。她们需要被认可、被理解、被肯定，需要有人耐心地倾听她们的心声。如果父母没有时间关注她们，而是任其与陌生网友在网上相识，她们势必会在网络的世界中越陷越深。

女孩，为了不让自己受骗，你应该学会主动去了解周围的同学、朋友，真诚地和他们交流，之后你会发现完全没有必要从陌生人那里寻求安慰。

延伸阅读

要保留
自己的个人信息要保留。

要细心
多观察，多分析。

要告知
与网友见面要告诉家长或朋友。

青春期女孩与网友见面，应注意"三要三不要"。

不要急
稳定情绪，不要被网友牵着鼻子走。

不要被迷惑
头像帅气不代表本人好看，不要丧失理智。

不要去隐蔽或者偏僻的场所
不要与不熟悉的人去隐蔽或者偏僻的场所，应时刻保持头脑清醒。

妈妈说给青春期女孩的话

女儿，网络是美好的，可也是危险的。曾有一项调查研究表明，有些青春期女孩曾向网友透露过某些密码，结果对自己的生活和学习造成了诸多不良影响。要知道，互联网安全的第一条规则就是不要向别人透露各种密码。

女儿，妈妈不是不相信你，只是不放心你独自去见陌生人。妈妈之所以希望能和你一起去见网友，是因为这样至少能保证你的安全。我可以不露面，但一定要让我和你一起去。妈妈不想因你见网友这件事而表现得不通情达理，我可以给你多一些信任和理解，同时你也要坦诚地告诉妈妈你要见网友的真实想法，这样我们才能达成共识。

女儿，你要时刻记住，作为女孩一定要学会保护自己。在虚拟的网络世界中，交友要格外谨慎，当有人约你见面时一定要守住自己的原则，提高安全意识，加强自我保护，千万不能单独与陌生网友见面。

你是"低头族"吗

青春期小档案

人物　　诗晴

性格　　内向、自卑

苦恼　　半夜不睡觉，被窝里偷偷玩手机，白天上课没精神。

事件　　手机让我成绩下滑。

"手机控"让她学习成绩下滑

诗晴是一个品学兼优的女孩，最近老师发现她上课时总是无精打采的，看上去十分疲惫。老师问她，她总是说没什么，老师猜想可能是学习累的，就嘱咐她晚上要好好睡觉。

自从有了手机，诗晴便无心学习，时常在课堂上打瞌睡，老师在课堂上讲课，她根本听不进去。晚上放学一回到家中，她也只想早早写完作业，打开手机玩游戏、看小说、聊微信、逛淘宝，直到半夜两三点。这天在课堂上她又趴桌子上睡着了。老师喊她的名字，她都没有醒，直到同学推醒她，她才睡眼惺忪地揉了揉眼睛，搞得同学们直笑话她。

诗晴的成绩一落千丈。老师再三劝导，她还是无心学习，最后只好休学一段时间。每当想起这件事，老师都为她感到惋惜。本来那么可爱且成绩又好的女孩，却因为玩手机变成了现在这个样子。

专家解读

随着智能手机的普及，很多人大部分的业余时间都被刷朋友圈、玩游戏、看视频或者逛淘宝占据，有这种行为的人被网友们称为"低头族"。

"世界上最远的距离不是生与死，而是我们坐在一起，你却在低头玩手机。"这是网络上对"低头族"的慨叹，虽然只是调侃，却真实地表达了现在人们过度依赖手机的状况。我们并不是说不让青春期女孩玩手机，而是要适度。你或许经常在马路上、餐厅内、公交车上，甚至是超市里，看到很多人低头盯着手机，这种行为不仅是对自己的安全不负责任，也是对他人的一种不尊重。

女孩，或许你也经常能看到这类新闻：有人因为一边走路一边玩手机而掉进坑里受伤；有人因为一边走路一边玩手机被车撞了；有人因为玩手机而忘了照顾身边的孩子，导致孩子受伤……对于这些让人心痛的事件，你要引以为戒，学着放下手机，抬起头来生活。

延伸阅读

1. 你是不是"低头族"？

"低头族"的"症状"：

- 因手机没有信号或信号减弱而烦躁不安。
- 常常觉得手机在响，拿出手机看却并没有什么信息。
- 手机不在服务区会坐立不安。
- 睡觉也要开手机。
- 经常看手机是否自动关机。

2. "低头族"对手机的依赖程度

智能手机悄悄地改变了我们的生活，成了每个"低头族"的"伴侣"。无论是吃饭、上课、走路，还是参加聚会、坐公交车，甚至是上厕所，"低头族"都是手机不离手。无论是中学生还是成年人，低头看手机几乎占用了所有的闲暇时间。某网站曾做过一项调查：

"低头族"的坏习惯

- 睡觉不关机 79.4%
- 乘坐交通工具时玩手机 55.06%
- 蹲厕所时玩手机 43.34%
- 早上睁眼第一件事就是摸手机 68.56%
- 走路时玩手机 15.98%
- 没事拿手机打发时间 78.86%
- 不管是上班还是聚会，都会时不时拿出手机看看，或手机一直不离手 67.32%
- 睡觉前玩手机，因此影响了睡眠时间 63.59%
- 因为沉迷于玩手机，挤压了与身边人沟通的时间 60.39%

3. "低头族"存在的危害

女孩，你知道吗？长时间低头玩手机，不仅影响视力、损伤颈椎，还会造成社交障碍、心理障碍、情感淡漠等，甚至会危及人身安全。曾有调查数据显示：40%的交通事故与低头看手机有关，发生这些事故时有11%的人在听音乐，有7%的人在发信息，有8%的人在打电话。这是需要警惕的事情。下面一张图可以告诉你，"低头族"存在的危害。

"低头族"存在的危害

心理疾病
如社交障碍、心理障碍、情感淡漠等。

影响视力
眼部易干涩、疲劳。

人身安全
很多交通事故与司机或行人低头看手机有关。

颈椎变形
容易长双下巴，颈部松弛提早约5年。

4. 如何让"低头族"抬起头来，让手机回归"工具"的角色？

只下载必要的APP。

让自己养成非必要时不去看手机的习惯。

关闭无用的消息推送提醒。

手机回归"工具"角色

加强户外锻炼，多出去跑跑步。

平时多挖掘自己的兴趣爱好，让自己忙碌起来。

上课时可将手机放置在离自己远一些的地方。

妈妈说给青春期女孩的话

女儿，你知道吗？妈妈不想你在最美好的年纪把时间浪费在手机上，屏幕之外还有更精彩的世界等你去发现。

生活从来不缺乏精彩，但是需要你放下手机，抬起头，自己去寻找。公园的花开得正艳，路边的小草冒出了嫩芽，蓝天白云对着你微笑……这些美景，只需你抬起头就会发现。学会抬头，听听鸟儿的歌唱，那要比QQ的"嘀嘀嘀"动听多了，不是吗？

女儿，无论做什么事都要适度。如果你连手机都不能控制，如何控制自己的人生？世界如此美好，你却一直在低头看屏幕；朋友如此珍贵，你却拒绝沟通。这样只会错过很多美好的东西。你要知道，手机只是一种便于你与外界联系的工具而已，是你在玩手机，千万不要成了手机在"玩"你。

网络游戏层出不穷，玩时要当心

青春期小档案

人物	艺芯
性格	活泼开朗
苦恼	迷恋上 QQ 文字宫斗游戏，上课时总想着玩手机。
事件	深深陷入宫斗游戏中无法自拔。

深陷"宫廷生活"之中

刚上初二的艺芯迷上了宫斗剧，对宫廷故事和宫廷生活充满了好奇。一天，在浏览网页时，艺芯看到了一篇社区论坛的帖子——文字版清宫戏的宣传帖，于是毫不犹豫地加入了帖子里提到的 QQ 群。

别看这个群里只有五六十人，但"后宫"里的各色人等一应俱全，他们分工明确，各司其职，从称呼、请安、阶级品位到从属关系、侍寝制度、奖惩规则等都做了严格的规定。

看到这些，艺芯对这个群更加感兴趣了，每天上线都要向"皇后"请安，监督"皇子"学习诗词歌赋，陪着"皇子"游园并吟诗作对。群里大部分人都是初中生，以女生居多，毕竟宫斗是宫内女子之间的互相较量，男生的"职位"除了"太监""侍卫"，就是"皇子"和"皇上"，没有多少提升空间，钩心斗角比较少，男生们玩着玩着就感觉没意思了。

艺芯的语文成绩很好，文学素养较高，平时很少在群里斗来斗去，偶尔崭露头角，于是从"秀女"越过"才人"，直接晋升为"妃嫔"。这让她更加离不开手机，无论在哪里都要拿出手机看群里的消息。

艺芯想，虽然这个游戏让她更加有文采，但时时刻刻想要看手机的习惯很不好。尤其是最近她感觉视力有所下降，但她非常喜欢玩这个网络游戏，不知道该怎样控制自己，她很苦恼。

专家解读

现在，种类繁多的网络游戏充斥着人们的生活。许多小学生、中学生天天拿着手机低头玩游戏，很多人手机不离手。

网络游戏给青少年带来的危害特别严重，沉溺于网络游戏无异于自毁前程。为什么现在的孩子那么爱玩网络游戏呢？有个青春期的女孩告诉我："在网络游戏里你可以经历精彩的人生，现实生活中不能体验的，在网络游戏中都可以体验。在网络游戏中，你可以体验不同的角色、不同的人生，感受胜利与失败、得意与失意。"像艺芯玩的这种文字游戏，小玩怡情，大玩伤身。难道生活中除了网络游戏就没有其他有意义的事可做了吗？显然是有些青少年感觉生活过得太乏味才要到网络游戏中寻求刺激，这其实是他们心灵空虚的表现。

女孩，不要让网络游戏害了你，更不要上瘾。注意，如果被强行阻止玩网络游戏，女孩可能会出现情绪低落、思维迟缓、记忆力减退及食欲缺乏等情况，所以父母还需要耐心地劝导，让其慢慢认清过度玩网络游戏的危害。

我们在新闻中常看到一些孩子沉迷于网络无法自拔。女孩，你知道吗？网瘾不仅对身体有直接伤害，还会让你变得不善交际、做事极端、情绪波动大。我们知道在网络游戏的虚拟世界里，不需要面对现实中的挫折，可以随心所欲地宣泄情绪。但现在很多网络游戏都不利于身心健康，长期玩下去，容易被网络游戏麻痹，最终不仅会对自己造成伤害，也会伤了家人。所以，女孩，千万不要沉迷于网络游戏，让自己堕落下去。

延伸阅读

各年龄段玩网络游戏的占比情况

- 19岁及以下，占比17%。
- 50岁及以上，占比3%。
- 20~29岁，占比46%。
- 30~39岁，占比27%。
- 40~49岁，占比7%。

玩游戏时往往会进入停不下来的状态！

进入停不下来的状态 → 继续玩 → 情绪驱动 → 进入停不下来的状态

啊，就差那么一点点！

太棒了，我破纪录啦！

妈妈说给青春期女孩的话

女儿，妈妈希望你在青春期做些有意义的事，不要把大好的时光浪费在网络游戏中。痴迷于网络游戏的人，一部分是为了在网络中交友，一部分则是因为生活中的郁闷无处发泄，所以在网络中寻找慰藉。无论你是出于哪种原因，都不该沉迷于网络游戏。

作为中学生，你最主要的任务是学习知识和接触社会，不该把时间放在一个虚幻的世界上。在那个虚无缥缈的世界展现自己，会伤害身体，还会伤了妈妈的心。

女儿，妈妈希望你放下手机，抬起头，昂首挺胸地向前看，活在现实中，学会发展兴趣，发现生活中的美，做现实世界中的强者。

远离黄毒，不让自己掉入深渊

青春期小档案

人物 露兮

性格 内向

苦恼 迷恋上了色情小说，好像染了毒瘾一般，总是忍不住看。

事件 晚上总是偷看色情小说。

❋ 心中不可说的秘密

晚上 11 点，露兮等爸爸妈妈都睡着后，再次将电脑打开。她曾无数次提醒自己，这是最后一次了，但最终还是被心底的欲望打败。她总是忍不住浏览那些不健康的网站，还看一些色情小说。

看到某些敏感的地方，露兮会面红耳赤、心跳加快，一方面是心理上受到了刺激，另一方面是怕爸爸妈妈突然开门进来。

半个小时后，露兮深吸一口气，合上了电脑，心中满是懊悔。明明知道这种东西不应该看，但她就是忍不住，她觉得自己成了那种放纵欲望的坏女生。

这种偷看色情小说的日子持续了两个多月，露兮发现自己上课时越来越不能集中精力听讲。在和男同学说话时，她会突然觉得不好意思，就连女同学找她聊天，她也提不起精神，整天一副做了什么亏心事的样子。

这天，露兮无精打采地回到家。她和妈妈打了个招呼后就进了自己房间。一进门，她发现自己的电脑变样了。以前她用的是笔记本，现在却换成了台式机。

她刚想去问爸爸妈妈是怎么回事，就看到妈妈走进她的房间。妈妈坐在她床边笑着对她说道："你的电脑是妈妈换的。女儿，你长大了，任何事情都可以和妈妈说，不要因为无知而做了傻事。"

"妈妈……"露兮的脸霎时变得通红，她隐约觉得妈妈知道了什么。

专家解读

青春期女孩渴望学习知识、了解社会，这原本是件好事，但青春期女孩毕竟还不够成熟，缺乏对不良事物的分辨能力和抵制能力。

青春期的女孩开始萌发性欲，但她们自控能力弱，分不清爱情与色情、高尚与庸俗、合法与非法的界限。那些色情小说过于虚幻，长期看下去，会消磨人的意志，会对身心造成无法弥补的伤害。

所以，身处青春期的女孩应该远离色情小说。这些小说会让人想入非非、精神萎靡、无心学习，并导致世界观、人生观发生偏差。女孩要拥有正确的性观念，对于好奇的知识可以跟父母、老师交流，或从健康的书籍中寻找答案。从现在起，坚决抵制不健康的网站和读物，为自己的计算机安装必要的防护软件，防止黄毒侵入，远离"黄色污染"，为自己营造一个阳光明媚的成长空间。

延伸阅读

首次触网年龄段大调查

首次触网最集中年龄段由15岁降到了10岁，占46.8%。

18~35岁青年首次触网平均年龄为13岁左右。

最低触网年龄3岁以下的占1.1%。

有些青少年初次触网平均年龄为7.5岁。

哪些信息不适宜未成年人接触？

可能诱导未成年人实施暴力、欺凌、自杀、自残、性接触、流浪、乞讨等不良行为的信息。

可能诱导未成年人吸烟、饮酒的信息。

可能诱导未成年人产生厌学、愤世、自卑、恐惧、抑郁等不良情绪的信息。

其他可能对未成年人身心健康产生不良影响的信息。

妈妈说给青春期女孩的话

女儿，在你这个年纪对爱情和性感到新奇也没有什么过错，只是你还小，正处于青春懵懂期，没有足够的阅历分清什么是现实、什么是虚幻。你要知道，小说情节都是虚构的，它绝不是对现实生活的真实描摹。或许，我们可以从小说中看到我们的影子，但这并不代表生活就是小说。相比普通小说，那些不健康的色情小说更加虚幻。

在青春年少时，人生到处都是十字路口，选对了路，你会获得积极向上的力量；选错了路，你会变得萎靡不振，甚至从此颓废。什么能带给你积极向上的力量，我想你自己应该能够感觉到。如果你不能，你可以与家长、老师和同学探讨。只有你自己不断进步，大家才会对你投以赞许的目光，才愿意和你相处。

女儿，希望你能明白，成长是按部就班的，随着年龄的增长，该来的总会来，该有的体验也总会有。既然你现在是含苞待放的花骨朵，就给足它养分，让它慢慢绽放吧，不要急着将还未吐露芬芳的花蕾摘下。

在青春期的路上，勇往直前。

第6章
给需要保护的你

　　女孩的安全问题越来越受到家长、学校和社会的广泛关注。校园欺凌、寻衅滋事、尾随、黑车等一系列安全问题，都需要引起女孩的高度重视。相比校园这座象牙塔，社会是真正的大熔炉，在社会中经历一些事情，你才能得到真正的历练。

　　作为女孩，我们要勇敢面对真实的社会，并学会在社会生活中保护自己，提高自我保护意识，从而让自己更好、更快地得到成长。

遇到校园欺凌，大胆说出来

青春期小档案

人物	凝秋
性格	善良胆小、内向腼腆
困扰	为什么同学们都喜欢欺负弱小的人？
事件	我和班里的"受气包"成了好朋友。

我和班里的"受气包"成了好朋友

我们班有一个女生，瘦瘦小小的，在班里经常被欺负。有些女生会在言语上侮辱她，甚至还会打她。有一次，有几个女生从她旁边经过，一个女生故意找碴，指着她对另外几个人说："都过来闻一下，她是不是很臭？我们把她的头花摘下来吧！"然后她们把她按在桌子上，强行把她头上的头花摘下来，拿着头花就跑了。那个女生低着头坐在座位上，红着眼睛一句话都说不出来，全班同学都在笑。

好多女生都不理她，有时她向同桌请教作业，同桌也是离她远远的，装作没听见。偶尔还会有些女生编一些所谓的八卦来嘲笑她，比如她家特别穷、她父母每天都会打她等，还给她起一些难听的外号。刚开始她还辩解，后来发现根本没人理会，便不再解释了。

有一次，班上的女生做得特别过分，她们往水桶里放入半桶脏水，然后把水桶放在门上，门只留一条小缝，那女生进来时没有留意，水桶直接砸在她头上，她全身洒满了脏水，全班同学都在哈哈大笑。上课铃响了，老师走进来，她向老师打报告，但老师的回答让我很吃惊："为什么大家只欺负你不欺负别人呢？"想必当时她是绝望的。她妈妈来学校接她的时候，有女生告诉她妈妈她经常被欺负，她妈妈去找老师反映情况，但每次都不了了之。

她就这样一直被欺负着，或许是长期的孤独和压抑让她形成了一种轻微的讨好型人格，只要别人给她一点温暖，她就想要回报别人。美术课上有人借给她一块橡皮，第二天她会拿很多自己收藏的小礼物送给对方。有一次放学我和她聊了一会儿，等妈妈骑着车子接我回家时，她甚至跟在后面一路小跑要和我说话，最后妈妈没办法，对她说："你别跑啦，快回家吧！"她还笑得特别开心。那种场景现在想起来还让人觉得很心酸。

从那次聊天后，我在心里把她当朋友。课间时，她会冲着我微笑，我也会给她一个微笑。虽然她还是在那个角落里坐着，平时也没有多少人和她说话，但从她的微笑中我能看出她的内心不再惶恐，因为至少有我把她真心当朋友。

专家解读

校园是一个承载欢乐和记忆的地方，然而，孩子们的世界有时并不单纯。有段话这样描述孩子们之间的伤害："孩子之所以是孩子，不仅因为他们没有自我保护能力，还因为他们对作恶毫无自控能力。你不告诉他那是恶，他能把别人逼死。你不告诉他要反抗，他能被别人逼死。"事实远比想象可怕，作为家长，往往不明白孩子在学校经历了什么。而作为孩子，尤其是女孩子，在受到伤害或无法承担与自身年龄不符的事情时，不妨大胆说出来。

一些女孩遇事容易慌张，不能冷静处理，加上害怕的情绪，使得她们不敢寻求父母的帮助。但如果孩子能从父母身上体会到爱，获得足够多的安全感，就能在很大程度上把校园欺凌的行为消灭在萌芽状态。即使不幸遭遇校园欺凌，家长如能根据情况适时出面与学校理性沟通，也有助于孩子尽快走出校园欺凌的阴影。

> **延伸阅读**

1. 你遇见校园欺凌了吗？

校园欺凌是发生在学生之间，蓄意或恶意通过肢体、语言等手段，实施欺负、侮辱而对他人造成伤害的行为。

校园欺凌行为的具体形式

- 起不好的绰号
- 传播八卦或小道消息
- 说难听的话或辱骂
- 在网上辱骂
- 当众嘲笑
- 将隐私发到网上
- 威胁、恐吓
- 敲诈、勒索
- 排斥或孤立
- 推搡或踢打

2. 预防校园欺凌，孩子、家长应当怎样做？

孩子

1. 保持镇定，采取迂回战术，尽可能拖延时间，争取求救机会。
2. 求救，必要时可采用异常动作引起周围人的注意。
3. 一定要告诉家长，不要独自承担身体和心理上的创伤。

家长

1. 稳定情绪，无条件地陪伴孩子，给孩子安全感。
2. 注意孩子的行为和心理，及时与孩子沟通。
3. 第一时间与学校沟通，拿起法律武器保护孩子。

妈妈说给青春期女孩的话

女儿，妈妈深感忧虑，我既担心你跟随同学成为冷漠的施暴者，又担心你成为被别人欺凌的对象。

校园欺凌不是开玩笑，女儿，如果你在学校被欺负了，请勇敢地说给爸爸妈妈听。爸爸妈妈比谁都心疼你，如果你很伤心，想哭就哭吧。这些事情会过去的，一切都会好起来，父母永远都是你坚强的后盾。

成长的道路上没有人会一帆风顺，在学会尊重他人的同时，也要学会保护自己，维护自己宝贵的尊严。

面对寻衅滋事不可凑热闹

青春期小档案

人物	嘉瑞
性格	活泼、爽朗
困扰	朋友有困难，不帮忙合适吗？
事件	为了朋友两肋插刀。

❋ 讲义气，难道不是好事吗

嘉瑞是一名初中女生，她生性活泼好动，打扮也很男性化。因为她颇为豪爽，所以结交了很多好朋友，就连一些平时爱打架的男生也成了她的好朋友。

平日里好朋友们经常一起玩，有什么好东西也一起分享。这天，有几个和嘉瑞关系不错的男生说一起聚餐，他们几个就聚到了学校旁边的大排档。嘉瑞和他们聊得热火朝天，没有注意到他们的声音已影响到了别人。

邻桌一男孩走过来生气地冲着他们说："你们能不能小点声？"嘉瑞的好哥们孙阳一听便来气了，站起来对着他说了一句："你再说一次试试！"对方又说了一遍。孙阳拿起酒瓶朝着对方的头砸了过去，对方其他人也过来了，要打孙阳。嘉瑞上前阻拦，被推到了一边，大块头李佳见状立刻拿起身边的塑料椅子朝他们砸了过去。

过了几分钟，对方又叫来几个人，把嘉瑞他们围住了。孙阳非常生气，拿起桌上的铁三脚架砸向已经头破血流的那个人，那人一下子就晕了过去。

其他人见状都冲上来，双方扭打在一起。嘉瑞和几个女生没力气，也没见过这种架势，吓得呆住了。不过嘉瑞虽然害怕，但她觉得哥们义气更重要，此时不出手，事后他们肯定不会再拿她当朋友，于是拼命凑上去，又抓又挠，自己的脸上也挂了彩。

大排档的老板见状，报了警。一听警察要来，大家立刻四散逃开。嘉瑞他们几个互相看看，大家都挂了彩。回家后，嘉瑞怕被妈妈看到，用衣服遮挡着脸，后来还是被妈妈看到了。妈妈得知事情的经过后，说："一个女孩干吗要打架？有什么话不能好好说？"嘉瑞说："朋友被打，我肯定要帮忙。"在嘉瑞心里，朋友义气最重要。可当妈妈问："假如你被警察抓走，你的朋友会怎么做？如果你触犯了法律，即使是哥们，也无能为力。"面对妈妈的质问，嘉瑞低下头陷入了沉思。

专家解读

青春期是女孩自我意识形成的时期，此时的她们缺乏独立判断的能力，有严重的从众心理。她们渴望得到朋友的认同，于是经常会把"义气"挂在嘴边，其实她们并不懂得什么才是真正的朋友义气。或许在她们看来，帮朋友出头、解决问题，就是肝胆相照，就是讲义气的表现。

其实不然，我们做事要有原则。当朋友遇到困难时，讲义气是对的，但不能盲目。清醒、理智地面对朋友的困难，合法给予朋友最大帮助才是值得倡导的。如果黑白不分，为了朋友的一己私利而讲所谓的义气，那么这种义气就变成了傻气。

作为女孩我们不去惹事，也不要去凑热闹。为了保证自身安全，避免受到伤害，在遇到各种寻衅滋事时，我们要远离现场，然后找身边的大人帮忙或报警解决这种事。

> **延伸阅读**

> 不要抱有看热闹的心理，作为女孩，应当洁身自好，远离暴力。

面对寻衅滋事，女孩该怎么办？

> 正确对待自己的好奇心。俗话说"好奇害死猫"，我们不要对什么事情都怀有强烈的好奇心，否则容易让自己受到伤害。

妈妈说给青春期女孩的话

　　女儿，或许你还不太理解寻衅滋事的含义，寻衅滋事是指殴打、挑衅、骚扰他人或者毁坏公私财物、起哄闹事等行为。这种场面很难控制，当你遇到时，妈妈希望你不要驻足观看，而要快速离开。

　　因为一旦闹事者情绪被激起，可能会对周围的人实施侵害行为。若性质比较恶劣，警方会来处理，此时，围观的人极易成为闹事者的人质。此外，寻衅滋事是一种犯罪行为，会对社会秩序造成破坏，若不加以制止，后果不堪设想。面对各种寻衅滋事，我们应当及时报警，主动远离，不去凑热闹。

花花世界的娱乐场所，禁止入内

青春期小档案

人物	宸钰
性格	善良、冲动
困扰	一直想去酒吧看看，可是妈妈很反感，就是不让去。
事件	好朋友带我去酒吧，却发生了一件令人痛心的事。

最后悔的一天

这天，宸钰校外的朋友文杰邀她去酒吧玩，说要带她开开眼界。宸钰之前总是在电视剧中看到那灯红酒绿的情景，却从没有亲身经历过，她十分好奇，所以很兴奋地答应了。

宸钰和文杰一起走进酒吧，文杰给宸钰介绍了两个她在歌厅认识的比较成熟的男孩。宸钰对他们没有任何防备之心，觉得文杰能在歌厅认识男孩很神奇。之后文杰和那两个男孩去另一个吧台玩，把宸钰单独留在了前面的吧台边。正当宸钰一个人无聊地环顾四周时，一个长相帅气的大男孩走到她身边，递给她一个杯子，说是请她喝饮料。单纯的宸钰很高兴能有这么出色的男生请她喝饮料，她什么都没想就喝下去了。但是两三分钟后，宸钰便感到一阵眩晕，还没来得及找文杰就晕过去了。等宸钰醒过来的时候，她看到自己一丝不挂地躺在宾馆的床上，旁边睡着那个请她喝饮料的帅哥，顿时大脑一片空白。

宸钰很后悔。为什么要喝陌生人的饮料？为什么要跟着文杰去酒吧？为什么……为什么……为什么……如果不去酒吧，如果不喝饮料，自己也不会落到这步田地。

专家解读

很多青春期的女孩对于爸妈不让她们去 KTV 或酒吧感到十分困惑，她们不明白，为什么自己已经长大了，能自己照顾自己了，却还是不能去充满刺激的娱乐场所玩耍？

爱玩是天性，女孩爱玩的心思虽然没有男孩的重，但一进入青春期，原本乖巧的内心也会开始蠢蠢欲动，叛逆的心理再加上天生的好奇心，让她们对酒吧之类的娱乐场所充满了期待和向往。每每看到影视剧中的酒吧及在酒吧驻唱的歌手时，她们就会对酒吧心生向往。

女孩，你不知道，娱乐场所虽然看起来很有吸引力，却充满了未知的危险。事实上，像宸钰的这种经历每天都有可能在发生。社会中有很多复杂的人，他们往往喜欢在娱乐场所骗涉世未深的女孩，然后寻找时机下手。所以，女孩你尽量不要去这些地方，即使去了也不要随意与陌生人搭讪。

延伸阅读

前往娱乐场所，该如何保护自己？

1. 注意衣着打扮
前往娱乐场所尽量不要穿着暴露，不然会引起别人的误解。

2. 不要让自己独处
若被朋友邀请去酒吧等娱乐场所，尽量与同伴在一起，不要落单。

3. 不要与陌生人搭讪
娱乐场所鱼龙混杂，并不是每个人都心存善念，需时刻保持警惕。

妈妈说给青春期女孩的话

女儿，你不要嫌妈妈唠叨，妈妈的担心并不是多余的。酒吧这样的娱乐场所一直都是是非之地，它绚丽的灯光和劲爆的音乐，确实极具吸引力。再看看出入娱乐场所的人，他们个个光鲜亮丽，打扮时尚，给人一种视觉与心理上的冲击。但是，如果意志不够坚定，这里也很容易让你陷入危险境地。你要知道，在酒吧里喝醉的女孩很危险，对于单纯的她们来说，娱乐场所绚丽的外表下，是一片深深的沼泽，可是她们对此全然不知。

所以，千万不要因为好奇和寻求刺激而前往娱乐场所。只要经受住诱惑，就不会将自己置于危险的境地。不要因为是朋友的邀请而不好意思推辞，你可以主动劝你的朋友不要去那种场合。生活中的色彩有很多，我们没必要将自己的青春浪费在那些灯红酒绿的地方。公园、游乐场也是不错的消遣地，这些地方不仅好玩，也更加安全。你还可以做一些有意义的事，如看书、画画等，这样可以开发你的兴趣爱好，从而让你的生活更充实。

出租车、黑车、网约车需留心

青春期小档案

人物	伊晨
性格	乐观开朗
困扰	骗子到处都有，该怎么办？
事件	乘出租车被找了假钱。

❋ 乘出租车被骗了

伊晨在县城里上寄宿学校，每个月回家一次。她每次回家都会搭乘公交车，下了公交车后，如果背的包很沉，就会选择乘出租车回家。

这天，伊晨放学有点晚，她好不容易才打到一辆出租车。一上车，伊晨先是闭着眼睛休息了一会儿，等她再睁开眼睛的时候，却发现车子行进的方向似乎并不是家的方向。她连忙向司机询问，司机却说走的是一条新路，更近一些。

伊晨没有多想，当她打开手机定位时，却发现出租车已经偏离了家的方向，于是伊晨要求司机停车，但出租车司机并没有停车，还面带笑容地说马上就到了，结果兜了一圈才走上了去伊晨家的路。下车时，伊晨给了司机一张50元纸币，司机却说她这张钱太旧了，让她换一张。伊晨说自己身上就剩这50元了，司机无奈地找了25元给伊晨。下车后伊晨去超市买水，从兜里拿出一张司机找的20元纸币，却被拒收了，收银人员说是假钱，这让伊晨非常尴尬。

伊晨深吸一口气，拖着背包回到家。到家后，她直奔自己房间，拿出一张真的20元纸币，然后和手上这张假钱对比了下，才发现假钱编号模糊，摸上去滑滑的，这样的事让伊晨很无奈。她把那张假钱塞进钱包里，想要时刻提醒自己要吃一堑，长一智。

专家解读

女孩，不要认为自己长大了，就什么事都可以自己去做了。像乘坐出租车、网约车原本是很普通的事情，但对于独自坐车的女孩来说，危险系数很高。

出租车、网约车在当下比较流行，它们已融入人们的日常生活中，成为越来越多人的出行选择。这些交通方式给人们带来方便快捷的同时，也存在着一些不可预测的风险。

不要认为这些生活中的小事无须在意，这些小细节往往不可忽视。那么女孩乘坐出租车或网约车该注意哪些事项，才能将风险降到最低呢？下面总结的这几条一定要牢记。

1. 一定要核对信息

上车之前，先看一下车牌号、司机姓名、联系方式等信息，如果发现车辆有问题，一定要拒绝乘坐。如果乘坐的是网约车，可以用手机将车辆及司机的详细信息截图转发给家人或者朋友，也可通过电话或微信将所乘车辆信息告诉家人。此外，还可以通过微信分享实时位置，以确保自身安全。

2. 坐哪儿有讲究

上车后，切记不要坐在副驾驶位置。副驾驶位置距离司机比较近，容易被司机看到隐私。而且副驾驶位置的危险系数一般比司机驾驶座位的还高，司机正后方的座位则相对安全，若在行车途中发生意外，还能降低危险系数。

3. 不要和陌生人拼车

网约车有顺风车、专车和快车等类型，而拼车相对便宜些。不过，最好不要跟不相识的人拼车，因为有时那些拼车的人，很可能和司机是一伙的。

4. 随时注意行车路线

上车后，不要做"低头族"。很多人上车后就自顾自地玩手机、听音乐或者睡觉，这样最不安全。乘车时，要注意观察司机的行车路线，发生异常时要打开车窗大声呼救。

5. 遇到危险快速报警

遇到危险时要快速报警求救。如果乘车时遭遇不法分子侵害，首先要保持冷静，尽可能记住对方的体貌特征，并找机会拨打110报警，还可以寻找时机向路人求助。

延伸阅读

乘车遇到劫匪，怎么办？

- 随时寻找机会报警，向路人发出求救信号
- 不要直视对方，要镇定。遇到特殊情况要学会哀求、装可怜，以确保生命安全。
- 不要吝惜财务，生命安全才是最重要的。

妈妈说给青春期女孩的话

女儿，虽然你已上中学，有一定的辨别能力，但自我保护意识还不够强，我觉得你有必要掌握一些乘车的安全常识。

单独乘车时，为了保证自己的安全，上车前应当用手机将车牌号拍摄下来发给爸爸妈妈。乘车期间，要时刻与朋友或我们保持联系，不要只顾低头玩手机，要保证手机有电，隔几分钟发一次消息。

如果上车时手机没电了，也要假装与我们联系一下，告诉我们你上车了，大概多久能到。这样可以给司机一些压力，即使对方有不轨之心也不敢轻易行动。

"黑车"不安全，女孩搭乘"黑车"遭遇不测的很多。所以，无论什么情况下都不要抱着侥幸心理去搭乘"黑车"。

第 7 章
青春期，是你最美的年华

爱美之心人皆有之，尤其到了青春期后，随着生理、心理的急剧变化，女孩逐渐开始关注自己的外在形象和他人对自己的看法。很多女孩为了引起他人关注，开始尝试改变自己，如减肥、穿奇装异服、穿高跟鞋等。

女孩，你不知道，青春期是你最美的年华，无须任何装饰。不管你是为了追求个性、张扬自我，还是为了追赶潮流、突破自我，都要明白，只有符合年龄段的装扮才是最美的。

不要太在意别人的看法

青春期小档案

人物　　文熙

性格　　敏感

苦恼　　最近总是在意别人的目光，是不是太自恋了？

事件　　总是在意别人的看法而心情不好。

总是在意别人的看法

周末，15岁的文熙洗完头发在洗手间照镜子、吹头发。这时，妈妈进来了，文熙摆弄着镜子说："妈妈，我发现自己洗完头发后格外漂亮，你说是不是？"妈妈笑着说："是呀，是呀！"过了一会儿，文熙从洗手间出来，爸爸正好下班回家，文熙便撒娇问道："爸爸，你觉得我漂不漂亮？"爸爸笑着说："那还用问？我女儿最漂亮了！"

在学校里，文熙经常问同学："你觉得我漂不漂亮？"有一次，文熙问一名与她关系不是很好的同学，那名同学耿直地回答道："我没发现！"这下文熙可急了，一脸认真而又失落的样子，说："做人要诚实，诚实可是我们的传统美德，你怎么可以不说实话呢？"那名同学没再理她。

还有一次，文熙一脸不高兴，只因同桌说她没有某个大学的校花好看。她拿出手机，搜校花的图片，一直盯着看，嘴里还不时嘀咕着："哪里有我好看哪？她只是修图技术好一点，她的漂亮又不是天生的，没有可比性！"文熙非常在意别人的看法，尤其是容貌方面。

一天，文熙回到家，躺在沙发上不停地叹息："我真是太烦了，为什么我长得这么漂亮呢？烦哪！"妈妈哭笑不得，告诉她："熙熙，你不用太在意别人的看法，自己也不要太自恋啦！"

专家解读

进入青春期后，女孩身体迅速发育，很快出现了成人的体貌特征。这种较为明显的生理变化，既会让女孩迷惑不安，也会让她们不自觉地把精力从外在的客观世界转向内在的主观世界，在思想意识上再一次指向了自我，自我意识出现前所未有的发展和强化。青春期是自我意识的第二次飞跃期，也是成长的必经阶段。

青春期的女孩已经能够正确地认识客观世界，开始有自己的想法，能够了解并考虑别人的感受，但是很难确定自己注意的焦点是不是别人注意的焦点。

于是，在以自我为中心的思维方式下，她们自身经常会过于关注自己的仪表，并且认为别人也像自己一样关注。在这种心理下，女孩会凭空制造假想的观众，感觉自己每天生活在一个大舞台上，随时随地都在别人的注目之下，一举一动都会得到别人的审视、评价，或赞扬，或批评，或欣赏，或嘲讽，等等。更重要的是，从内心深处，女孩非常希望被人关注、被人重视，开始在意自己的外貌、行为、穿着，并在这些方面花费大量的时间和精力。由此看来，女孩在意别人的看法是青春期心理变化的一种正常反应。

就像文熙，其实别人可能只是为了不打击她而恭维地说了一句"你真漂亮"，甚至可能根本没有看她，但她却认为别人在注意她，觉得她很漂亮。这种自我满足正是青春期女孩自我意识的变化。而有时太在意别人的看法反而会迷失自我，你的存在不是为了取悦别人，而是为了提升自我。找准定位，摆正心态，做一名阳光、开朗的女孩。

延伸阅读

太在意别人的看法会伤害自己，往往表现为以下两个方面：

1. 太在意别人的看法，有时会做出自虐甚至自毁的行为。

2. 太在意别人的看法，会不自觉地限定自己的活动范围。

妈妈说给青春期女孩的话

女儿，你知道吗？妈妈明显感觉你长大了，越来越成熟了。在这美好的青春年华，每个女孩或多或少都会表现自己，开始在意别人对自己的看法。其实，我们只要做好自己就好，无须太在意别人怎样看。每个人都有自己的个性，不可能都会包容你。

当然，适当在意别人的看法也不是坏事，这有助于提高自己各方面的能力，完善自我。但是学会把握好这个度很重要，不要每天追问别人对你的评价，这就像炒菜要放盐一样，盐放少了淡而无味，盐放多了很难入口。

在意别人的看法就是期望得到别人的认同或赞美，但因为这种心理会使你缺少与他人平等相处、沟通的机会，所以你会觉得很累。妈妈想告诉你的是，在意别人的看法没什么关系，但不要过度，过度就是没有自知之明，往往会惹人讨厌，相信你会明白这个道理的。

我为了美，努力减肥

青春期小档案

人物　　珈萌

性格　　倔强、好强

苦恼　　心仪的男孩不喜欢胖姑娘，努力减肥中。

事件　　为了爱而减肥，却得了厌食症，最终还是没能被心仪的男孩接受。

为了爱而减肥

珈萌喜欢上一个男孩，高高的、帅帅的，这个男孩是很多女生心目中的白马王子。可惜珈萌长得很胖，是很多男生心中的丑小鸭。

每当下课时，珈萌都会跑到窗口，向楼下望去，因为男孩会准时在那里打篮球。每天中午，珈萌总是第一个去食堂打饭，等着男孩出现。但是男孩却不知道珈萌暗恋着自己。

一天，珈萌遇到了这个男孩，她鼓起勇气向他表白。男孩听了她的话先是一愣，然后大笑起来，他指着珈萌说："你太胖了，我不喜欢胖女孩。"

珈萌很受打击，但她不愿意放弃，鼓起勇气说："如果我变瘦了，你会接受我吗？"男孩无奈地表示那是不可能的，因为她实在太胖了。珈萌纠缠了半天，男孩只好答应。珈萌很高兴，从那儿以后，她发誓要为了爱而减肥。于是，她每天都早早地起床，围着操场跑步，直到跑不动为止。除了运动，她还节食，早餐只喝一杯牛奶，午餐和晚餐都只吃一个馒头，身边的朋友都劝她放弃，但她就是不听。

一天，上体育课时，珈萌突然晕倒了，被送到了医院，医生说她是由于过度疲劳、营养不良造成的，需要多休息和补充营养。出院后，她一如既往地拼命减肥，尽管医生提醒过她不要这么做……

珈萌的脸一天天地憔悴。站在镜子前，看着瘦下来的自己，珈萌很高兴，她相信不久后男孩就会接受她。

因为过度减肥，珈萌再次被送进了医院，医生发现她得了厌食症……虽然暴瘦到八十多斤，但男孩最终还是没有接受她。

专家解读

现在有些女孩为了变瘦、变美，往往会过度减肥，结果却毁了自己的健康。虽然瘦是美的一种形式，但它并不是美的全部，一味追求瘦而丢了健康，无异于舍本逐末、因小失大。

进入青春期的女孩，第二性征开始发育，身体也变得丰满起来。如果女孩的体重超过标准体重 20% 以上，并且看起来很臃肿，就可以认定为肥胖。青春期女孩应该怎样应对肥胖呢？有人说"胖人什么都不吃，只喝凉水也胖"，其实这种说法并没有科学依据。凡事皆有因果，肥胖绝对是有原因的。除了遗传因素，很重要的一个原因就是摄入高热量食物过多，并且活动量少。因此，女孩减肥的重要原则是合理地节制饮食和增加能量消耗。

每个女孩都希望自己身材健美、体态轻盈，刚进入青春期的女孩爱美之心十分强烈，当发现身边的女孩身材苗条，而自己身材肥胖时，就会产生许多烦恼。排除遗传因素，女孩完全可以通过合理节食和锻炼来达到理想的体重。有些女孩会出现"青春期肥胖"，等成年后肥胖往往就会自动消失。因此，专家不提倡青春期的女孩盲目减肥，因为减肥不当，很容易引起一系列身体病症，影响今后的学习、工作和生活。身体就像一棵树，如果在幼年时没有吸收充分的营养，长大后就难以成为一棵参天大树，难成栋梁。

延伸阅读

减肥时要注意什么？

1 不宜过分节食
注重身体所需的营养，长时间节食容易导致精神差、心情差。

2 适当摄取热量
注意各种营养的合理搭配，少吃高热量食物。

3 适当参加体育运动
平时多参加体育运动，如跑步、打球、游泳、溜冰等。

妈妈说给青春期女孩的话

女儿，妈妈知道每个女孩都希望自己身材苗条，妈妈很理解肥胖给你带来的困扰，但处于青春期长身体的阶段，妈妈不建议你节食减肥。

在身体健康的基础上，我们可以多增加一些体育锻炼，平时多散步、跑步、跳绳，这样不仅可以保持身材，还能增强体质，何乐而不为呢？

穿"乞丐裤"就是有个性，我喜欢

青春期小档案

人物	希文
性格	热情、张扬
苦恼	该怎样向奶奶讲现在的时尚呢？
事件	新买的破洞牛仔裤被奶奶全部给缝上了。

❋ 都是破洞惹的祸

希文最近在网上买了一条破洞牛仔裤，后来，这条牛仔裤的破洞竟然全被奶奶缝上了，这让希文哭笑不得。

牛仔裤到货那天，希文正在学校上课，接到快递的电话后，希文给妈妈打了个电话，要妈妈帮忙拆包检查，希文的妈妈随手便将牛仔裤放在了床头。希文放学回家后，发现叠好的破洞牛仔裤被摆在客厅的沙发上，而她最中意的破洞竟然被缝起来了。

"文文哪，牛仔裤这么破了，我帮你补了一下午，都补好了，你是不是没有裤子穿了？没钱的话跟奶奶说。"奶奶从阳台走出来对希文说道，希文哭笑不得。

希文感叹，自己和奶奶在穿衣方面代沟太大了。希文上次穿一字领的衣服出门，奶奶说："文文，你脖子那儿光光的，小心着凉。"而她穿九分裤的时候，奶奶又会问："这裤子是不是很早之前就买了？都短了。"只有当她穿上暗色碎花裙的时候，奶奶才会夸她一句："我孙女真漂亮。"

虽然裤子不能穿了，但从这被缝好的破洞牛仔裤中，希文感到了奶奶的爱。这件事不仅让希文感到温暖，也让她觉得，年轻人的时尚老人们不能理解，看来今后要同奶奶多讲讲年轻人的时尚才行。

专家解读

破洞牛仔裤已成为一种时尚、个性的代名词。在这个个性张扬的时代，处于青春期的女孩尤其想要展示自我、彰显个性，所以，她们会不停地追逐新潮。或许在她们眼中，破洞牛仔裤能充分展示自己的时尚观，能代表新一代年轻人的追求。

你是否也有过这样的经历？父母给你买了一件衣服，刚开始你很喜欢，可穿到学校后，发现有几个女孩也穿着同样的衣服，你就不喜欢这件衣服了，因为你觉得同别人穿一样的很没意思，你想要和别人不一样，以显示自己的与众不同。这种想法是正常的，因为世界上没有完全相同的两片叶子，每个人的追求不同，每个人都有追求自己个性的权利。

青春期的你会想尽各种办法让自己与众不同，诸如衣着打扮张扬另类、谈吐举止讲究个性，这些表现都在向别人发出一种信号，那就是"看我，看我，快看我"，从而得到别人的关注。

这是因为青春期的你开始寻找自我，这种自我分为两部分：一部分是自己认为的，另一部分是别人眼中的。你现在想要获得别人的关注和肯定，所以开始不停地追求新潮，不断地展现自己的个性，因为你认为自己和别人不一样。

追求个性不是坏事，这也是一种创新能力，假如你少放些精力在穿衣打扮上，或许你会发现更独特的自己。

人人都有自己的个性，如果你的个性可使你不断学习、不断进步、不断成功，那么这种个性一定是很美好的。

延伸阅读

追求个性的表现

1. 自我意识增强，追求看似个性的服饰。

2. 只为突出自己，彰显自己的不同。

3. 只为寻求别人的赞赏。

妈妈说给青春期女孩的话

女儿，当你买了破洞的裤子，或是自己动手把牛仔裤剪了，妈妈知道你想追求潮流与时尚。妈妈不是一个跟不上时代的老古董，你的这些举动，妈妈都理解。

妈妈想让你知道的是，这种流行往往过不了多久就会过时。现在走出去，你会发现这种裤子随处可见，也确实成了街头飘过的一道独特的风景线，很随意，但又不失简约；很时尚，很个性，却不一定适合你。

女儿，妈妈希望你不要刻意地去追求这些所谓的个性。每个人有每个人的独特之处，你有内涵，我有气质，她有智慧，这些都是每个人不同的个性。妈妈希望你在追求个性的道路上不要走偏。美的东西大家都喜欢，我也不例外，但我更希望你把这种创新放在学习上，逐渐提高自己，然后在学习上绽放独特风采。

越来越喜欢照镜子，我是不是有病

青春期小档案

人物	展旭
性格	活泼开朗
苦恼	最近迷上了照镜子，我是不是有心理问题？
事件	每天都会对着镜子发呆。

❋ 时间镜子可以留住美吗

展旭是个活泼开朗的初二女生，她总是七点起床，但最近，她把起床的时间提前了。

以前每天起床，展旭都是匆匆地在镜子面前梳好头发，但是现在，她却要花上很长时间打扮自己：先是把护肤的东西往脸上涂，再细细地抹开；然后把护发的东西涂在头发上，用吹风机一层一层地吹；头发吹好后，她还会喷上定型啫喱；最后，她还会拿着镜子仔细端详一番，直到找不出什么瑕疵，才肯离开。

一天，展旭妈妈接到展旭老师打来的电话。老师说，最近展旭上课总是不认真听讲，好几次走到她身边，都看见她拿着小镜子在照。眼看就要期末考试了，展旭可是班上的学习委员，老师不想她因为爱美而耽误了学习……

展旭妈妈听了老师的话惊讶不已，她也发现展旭最近比较爱美，但是没想到她竟然在课堂上也会不停地照镜子。她决定想个办法纠正女儿的心态。

当天，展旭放学回到家后，妈妈将一个包装精美的盒子递到她手上。一脸惊诧的展旭打开盒子，看到了一面镜子。

"妈妈，你为什么要送我镜子？"展旭感到很不解。

"你拍手看看。"

"拍手？"展旭虽然不知道怎么回事，但还是照妈妈说的拍了两下手。

随着掌声响起，展旭的嘴巴张成了"O"形，她看到镜子上竟然显示出了时间和日期。

"这是时间镜子，也是声控闹钟，只要有声响，它就会显示时间。"妈妈看了看展旭，接着说道，"妈妈希望你不要把所有时间都浪费在照镜子上，一寸光阴一寸金，真的想留住美丽和青春，就应该珍惜时间，而不要让它轻易从你手中溜走。"

展旭这才明白妈妈的用意，她恍然大悟地捧着这面时间镜子，眼神慢慢变得坚定起来。

专家解读

爱美之心人皆有之，尤其是花一般的青春期女孩，她们不仅喜欢把自己打扮得漂漂亮亮，还热衷于照镜子。照镜子是女孩进入青春期的一个比较典型的行为，在生活中，想必这种情况也会在你的身上发生。你是否也曾对着明亮的车窗或商店的橱窗，一会儿用手理理刘海，一会儿做个鬼脸，仿佛置身于无人之地？而当轿车突然发动引擎或商店售货员疑惑地看着你时，你才会觉得有些不好意思。

大多数女孩喜欢照镜子其实是自我欣赏，能从中获得一份愉悦感，但是不同家长在这件事情上却有不同的处理方法。有的家长视而不见，一切按照孩子的意愿来，不对孩子做任何限制，也不在意孩子是否过于注重自己的衣着、发型，直到孩子成绩下降、思想走偏时，家长才给予重视，不过此时往往已经错过了最佳的教育时机。也有的家长一看到孩子照镜子，就加以指责，好像孩子做了多么不光彩的事情一样，这样做反而会激起孩子的逆反心理。

其实，爱美并没有错。但凡事都要有度，过度爱美就会影响到学习和生活。

也有些青春期女孩热衷于照镜子并不是因为爱美，而是因为不自信。出于家庭、自身等原因，并不是每个女孩在青春期都能得到家长、老师的关注和保护，总会有人因为同学和老师的不喜欢而慢慢变得自卑、怯懦，这些女孩在得不到别人欣赏的情况下，会借助其他工具来重拾自己的信心。比如有些漂亮却不受家人、同学喜欢的女孩会喜欢照镜子，她们会对着镜子中的自己说："我怎么就一无是处了？我很漂亮，别人都比不过我。"这其实是一种心理暗示、一种自我安慰。对于这样的女孩，我们需要给予关爱，不要让她们的自卑变成一种心理障碍。

延伸阅读

如何摆脱爱照镜子的习惯？

1. 学会关注身边的人和事
平时多与同学交流，转移注意力，改掉爱照镜子的习惯。

2. 学会自我调节
镜子并不是生活的必需品，无法增强自信心。

3. 学会适度
爱美之心人皆有之，自我欣赏也要有节制。

> **妈妈说给青春期女孩的话**

女儿，你知道吗？当妈妈看到你捧着一面小镜子照了很久时，我明白，我的女儿长大了，知道注意自己的形象了。看到你这样，我既高兴，又感到些许的担心。高兴的是你长大了，知道打扮自己了，说明你的自我意识加强了；担心的是青春期是你成长的关键期，我必须要引导你顺利度过。

喜欢照镜子不是病，多关注一下自己的形象没有问题。妈妈建议你每天早晨梳头时好好照照自己，把自己打扮得干净利落。但是，照镜子过于频繁会浪费时间，作为学生，时间宝贵，你不能因为照镜子而耽误学习，导致成绩一落千丈。

妈妈希望你漂漂亮亮的，但是在你这个年龄段，如果把时间过多地放在注重自己的形象上，势必会失去更重要的东西。所以，妈妈希望你好好珍惜时间，珍惜学习的机会。只有把现在该做的事做好，才能以更加良好的状态迎接美好的明天。

第 8 章
名为"友谊"的东西

在懵懂的青春期,你是否有一个一直陪伴你的朋友?你们一起吃饭,一起上课,一起聊天,甚至一起上厕所。或许正是因为好朋友的存在,才让你在青春期里感觉不到孤单、落寞。

也许多年后,那个和你说永不分离的朋友不知去向,你也不知他过得如何。但每当想起那些青春岁月,你都会觉得格外怀念。即使你们现在天各一方,曾经的相遇仍温暖着你整个心房,那便是名为"友谊"的东西。

到哪里去寻找真正的友谊

青春期小档案

人物	迪轩
性格	热情
苦恼	我对每个人都好，为什么却不能真正地融入他们的世界中？
事件	平心而论，我对同学都很热心，为什么他们会如此对我？竞选的事简直让我成了笑话！

❈ 班级竞选，大大的尴尬

迪轩是个热心肠的女孩，她最大的特点就是对谁都好。无论是帮同学做值日还是给同学辅导功课，她都非常热心。她试图靠近班里的每名同学，想和所有人建立朋友关系，想融入班集体这个大环境中。实际上，她这样做是有目的的，她想知道自己做了这些之后，会有哪些同学把她当成真正的朋友，会回报她。

她平时帮助同学后，总会说一句："这次我帮了你，下次你也要帮我哟！"她觉得自己对每个人微笑、为每个人做事，别人自然都会把她当作好朋友。直到有一天班里竞选班干部，她毛遂自荐担任生活委员。站在讲台上，她介绍了自己很多优点，甚至还将自己帮同学的事一一讲了一遍，最后她说："希望我的朋友们都能够支持我！"可令人没想到的是，选票结果统计出来后，她的得票居然很少，迪轩的脸上写着大大的尴尬。看着台下那些自己帮忙写过作业、做过值日、请吃过零食的同学，她忍不住哭了。

直到此刻，她还是不明白，为什么自己做了那么多，却没人把她当朋友。之前帮助过的同学难道不是朋友吗？她开始怀疑自己对朋友的认知。

专家解读

友情是人们在交往活动中产生的一种特殊情感，是一种来自双方的情感，任何单方面的良好感受，都不能称为友情。像迪轩那样抱着"要求回报"的心态去交朋友，是很难交到真朋友的。

对于青春期女孩来说，朋友是不可或缺的。朋友的存在，可以让你的快乐加倍、痛苦减轻。拥有朋友，你可以在孤独无助时得到朋友无私的帮助，也可以在紧张的学习中感受一起努力、一起奋斗的快乐。

女孩，在你十几岁的年纪，你希望看到的世界是什么样子的，它就是什么样子的。如果你认为这个世界是功利的，朋友之间是相互利用的，那么你不可能交到真正的朋友。因为如果你有了这种心态，你将体会不到那种不讲回报、毫无功利的友谊是多么可贵。

延伸阅读

学会分析身边的同学

1. **感情较深**
陪你一起学习、玩耍，默默帮助不求回报的人，一定要珍惜。

2. **不能交心**
总会有平日经常在一起但遇到问题不会帮你的同学，此时无须责备。

3. **性格不太好**
这类同学可以一起玩耍，但不要交心，若不能玩到一起，可以选择远离。

妈妈说给青春期女孩的话

女儿，想必你也听说过吸引力法则，它告诉我们：你怎样对待别人，别人也就怎样对待你。也就是说，我们在找朋友的同时，朋友也在找我们。

有句谚语说："家人是不能选择的，但朋友是可以选择的。"所以，在你选择朋友时，一定要明智，不要把宝贵的时间和精力浪费在不值得交往的人的身上。朋友是在你生活遇到困难时，对你慷慨解囊无私奉献，只求付出不求回报的人。"同利为朋"是不可取的，因为朋友间交往，重要的是思想交流与心灵沟通。朋友的作用是帮助我们缓解压力、改善心情，陪我们忍受伤痛，告诉我们生活的意义，能让我们生活得更充实。

所以，交朋友并不是利益交换，朋友之间是需要付出真心的。只有付出真心，你才会找到不求回报的好朋友，友谊也会不期而至，降临你身边。

妈妈希望你成为一个品质高尚的人，选择的朋友是会让你感到骄傲、让你赞赏的，同时也是欣赏你的。有的人参与了你的生活而让你的生活充满阳光，妈妈希望你是那个能为朋友带来阳光的女孩。

为朋友背黑锅这种事，要不要做

青春期小档案

人物	悦琦
性格	活泼开朗
苦恼	好朋友让我帮她背黑锅，不知道该不该帮。不帮觉得自己不够义气，可帮了又觉得不对。
事件	朋友让我帮她承担错误，我很纠结。

好朋友的黑锅，你们会背吗

最近，活泼开朗的悦琦遇到一件令她特别苦恼的事情：她的好朋友欣言遇到了一个大麻烦。欣言是悦琦非常要好的朋友，俩人睡过一张床，穿过对方的衣服，吃过对方的剩饭。因为欣言长相甜美、学习好，追她的男孩很多，于是她经不住诱惑，开始早恋了。欣言早恋的事情对于悦琦来说不是秘密。

这天，欣言的爸妈发现欣言谈恋爱了，他们被欣言手机里那些肉麻的短信气得浑身发抖，强行把她的手机没收了。悦琦在家人面前一直都是乖乖女，欣言希望悦琦能够帮她，帮她去向她爸妈解释，说那些短信都是悦琦借她手机发的，跟她没关系。

悦琦被欣言的恳求吓到了，虽然自己的学习成绩不是很好，但自己在爸妈眼中也是个乖孩子。这件事她不想帮欣言，因为自己的舅舅和欣言的妈妈在一个单位，若让舅舅知道了，这件事一定会传到自己爸妈的耳中，到时候自己就惨了。

悦琦很纠结，如果她不帮欣言，欣言的父母找到学校的老师后，她就评不上班里的三好学生了；若是她帮了欣言，爸妈肯定会被气到。欣言又说："帮我，你最多被你爸妈严厉批评一下，而且你成绩又不是很好，肯定评不上班里的三好学生，也没什么太大的损失。"

欣言的话让悦琦更加为难，好像自己不帮她就太不够朋友了，太没有义气了。

专家解读

青春期的孩子都需要朋友，好朋友对于每个人来说都很重要。由于涉世未深，青春期的孩子很容易把义气曲解为友谊。讲义气是要有原则的，我们不能不分青红皂白就去替朋友背黑锅。当好朋友做错事时，我们要耐心劝导，告诉对方知错就改仍然是好孩子。

女孩一般都很善良，看到别人的请求，她们总是会心软，做一些自己并不情愿的事。可是你有没有想过，这样的事情会对自己造成怎样的伤害？如果不分是非曲直就替朋友背黑锅，这种做法反而容易让你失去这份友谊。

当好朋友遇到困难时，女孩总想帮朋友做些什么，这是源于她们善良和诚恳的天性。但是，我们也要有自己的原则，为朋友做任何事情，都不能超出做人的原则和底线。有些女孩为了"义气"二字，帮朋友打架，不分缘由地欺凌其他女孩，或者替朋友承担错误、接受惩罚等，这样做难道就可以证明你们的友情深厚吗？

错！这样恰恰说明你们之间并没有真正的友谊。当你们心不甘情不愿时，你们可能会互相提防、互相讨好，最后不欢而散。如果你替朋友背了黑锅，就等于为你们的友谊埋下了一颗定时炸弹，说不定哪天这颗炸弹就会爆炸，而你们之间所谓的友谊也就随之烟消云散。

你的朋友犯错了却没有勇气承担，找你帮忙，而你拒绝她的请求后，她或许会与你绝交，不再把你当朋友。如果是这样，请你相信，即使没有这次拒绝，她也从来没有真心把你当朋友看，你只是她的附属品而已。因为只有她不把你当朋友，她才会在有难时第一个把你推出去，让你替她承担。所以，失去这样的朋友也没什么，真正的朋友是不会让你去替她承担错误的。

延伸阅读

好朋友之间，这几种忙不能帮

朋友之间帮忙也要有度，若把握不好，会适得其反。

1. 为了面子的忙，不帮。

帮得太多会让对方形成依赖和习惯，反而会害了他。

2. 需要下重大决定的忙，不帮。

3. 不要重复帮一个人太多次。

有些事必须自己决定，作为朋友只能给些意见和建议。

妈妈说给青春期女孩的话

女儿，你要记得，代朋友受过不是获取友谊的正确途径。当朋友请求帮忙时，你千万不要为了面子而帮朋友，因为你的一次帮忙并不能帮朋友真正渡过难关。若成为一种习惯，等到最后无法收场时，你会发现不仅没有帮到朋友，自己还失去了很多。

所以，女儿，也许你真的出于一片好心去帮朋友，但并不是所有的忙都可以帮，特别是涉及个人品质的问题。有些忙，我们可以帮，朋友会记你一辈子的好；但有些忙，帮了对方，我们自己背了黑锅，朋友不仅不记你的好，反而还会让你自己受到伤害。

　　朋友之间感情再好，也不能为她背黑锅，代她承担错误。不管朋友犯了多大的错误，那都是她自己的事。你要做的，是帮助朋友避免犯错误，告诫她不要一意孤行，如果她仍旧按照自己的意愿去做，最后出了错，就该自己承担。如果她让你出来帮她受过，而你因为朋友情谊去帮她，这就是变相纵容她继续犯错误，是很不正确的做法。

说真话，会不会失去这份友情

青春期小档案

人物	誉桐
性格	热情
苦恼	朋友之间该不该说真话？如果说出来，可能会失去这个朋友，我应该怎么办？
事件	为了朋友好说了真话，可还是失去了这份友情。

❋ 好朋友之间不该说真话吗

誉桐最近很苦恼，因为她发现自己的好朋友恋爱了，而且对方是誉桐很不喜欢的男孩，用誉桐的话来说就是"美女配野兽"。好朋友好像一夜之间变了，除了那个男生，她对谁都满不在乎。

在老师和家长都劝说无效的情况下，誉桐决定用自己的方式来拯救好朋友。她背着好朋友私下搜集了很多关于这个男生的"罪证"，比如私自加上他的微信探寻他的私生活。她还跟踪这个男生，看他到底是什么样的人，平时都跟哪些人接触……

誉桐收集了大量"证据"，并把自己知道的这些一股脑地告诉了好朋友，她满心以为好朋友可以醒悟。令誉桐想不到的是，好朋友不但不感激，反而对她破口大骂，并告诉她："我自己的男朋友，我最了解，你凭什么插手我的事？他什么样我比你更清楚，请你离他远一点，以后，我们不再是朋友！"

誉桐很委屈，她始终想不明白，为什么自己为了友情全心付出，最后竟然落得如此下场。后来，那个女孩再也没有和誉桐说过一句话，誉桐眼看着她慢慢堕落，甚至还为那个男生离家出走。

誉桐直到现在都没有想明白，好朋友之间为什么不能说真话。难道说真话就会失去友情吗？如果因为好心的真话而失去友情，那又何必做好朋友呢？

专家解读

青春期的友情是最可贵的，是人生路上闪亮的星星。因为有好朋友在，我们才不会感到孤单。好多人都会拿友情和爱情进行比较，我们常常看到两个女生，好起来像一个人，一旦遇到男生这个问题，就开始有了各自的小秘密。有人说过，爱情和友情永远都无法有交集，如果我们非把它们纠缠在一起，就容易犯错误。可比起爱情的甜蜜，友情更加理直气壮；比起爱情的伤害，友情的背叛更是痊愈得快。

好朋友一定都希望对方好。当好朋友被蒙蔽时，我们要大胆地说真话，给好朋友指出一条道路，让她迷途知返。当我们知道好朋友喜欢上了一个坏男孩时，我们不想她跟着变坏，逐渐堕落，这时我们一定要帮助好朋友，但我们不能直接告诉好朋友对方是坏人。因为这个人在你好朋友心中，一定是好的，她暂时被情感所迷惑，一时走不出来。我们可以陪伴她，适时提醒她，千万不要因为冲动而做傻事。既然你们是好朋友，你就应该在她无助时伸出臂膀，给她力量；既然你们是好朋友，你就应该在她成功时，静静地站在一旁欣赏；既然你们是好朋友，你就应该在她迷失方向的时候，送她一个明亮的火把，让她能从迷茫中走出；既然你们是好朋友，你就应该在她步入歧途或者把握不住自己的时候，给她当头一棒，让她在清醒后回到现实的土壤。

你们是真正的朋友，她可以从你这里得到温暖、依靠、信任。你讲的话，她就会相信，就不会认为是指责而产生抗拒，哪怕她认为全世界都不理解她，至少她身边还有一个你。所以，作为好朋友，大胆地说真话、说心里话。若对方不理解，即使失去这份友情，也没什么好可惜的，至少你问心无愧。

延伸阅读

```
         好朋友之间
         该如何做？
```

诚实	尊重	真诚	说真话	宽恕
无论什么情况下都应该诚实。	需要做到互相尊重。	应当互相真诚以待。	敢于制止对方不正确的判断。	互相体谅，因为人无完人。

妈妈说给青春期女孩的话

孩子，你要知道，好朋友之间没有虚伪的奉承，只有肝胆相照。敢于对你说真话的，才是真正把你当作朋友的人，你在他们面前才是真实的自己。

朋友并不是口头说与你同舟共济、患难与共的人，因为这个承诺太不真实。朋友之间需要信任，只要双方都愿意拿出自己所有的坦诚就好。

假如朋友之间因为一句真话便不欢而散，那么即使失去这份友情，你也无须心痛，更无须后悔。因为好朋友之间在付出的时候，是不需要回报的。即使他现在不在你身边了，即使他的人生路上没有你相伴，他也不会寂寞，你的生活还会继续。

我喜欢你，却只能以朋友的名义

青春期小档案

人物	思嘉
性格	直率
苦恼	少女心泛滥，喜欢上了好朋友。
事件	暗恋的人让自己帮忙递情书给别人。

❋ 我喜欢你，却用友情开错了头

思嘉和张扬从小就是好朋友，男孩性格的思嘉一直喜欢着乐观开朗的张扬，只是张扬不知道而已。

"思嘉，走，打球去。"中午吃完饭，张扬拿着乒乓球拍来找正在看杂志的思嘉。

思嘉二话没说，合上书就和张扬去了操场。

两人打了半小时乒乓球，都有些累了，就坐在跑道一边的看台上休息。思嘉看到张扬一副欲言又止的样子，忍不住问他是不是有话要说。

张扬的脸微微发红，吞吞吐吐道："有一件事搁在我心里很久了，今天我想把它说出来。"

听到张扬这样说，思嘉的心立刻怦怦怦地跳了起来，心想："难道他要跟自己表白？或者他知道自己喜欢他？"

"我喜欢上了一个女生。"张扬终于鼓足勇气说了出来。

思嘉觉得幸福来得太突然，她一直觉得张扬傻乎乎的，总是把自己当男生看待，原来是自己误解了张扬。

思嘉脸上的惊喜还未退去，就听到张扬说："我喜欢上了咱们班的嘉茉，你能不能帮我递封情书给她？"

思嘉感觉有什么东西"嘭"的一声重重地撞在自己的心上，把心击得粉碎。"你怎么不找别人？"思嘉心里乱乱的。

"你是我最好的'哥们'，我不找你找谁呀？"张扬说得理所当然，思嘉心里却难过极了。搞了半天，原来只是自己一厢情愿，看来以后只能以朋友的身份和他相处了。

专家解读

青春期是独立意识和自我意识觉醒、萌发的阶段。女孩在这个时候往往会把对亲人的依赖和关注转移到老师、同学及朋友的身上，尤其在与异性交往时往往更加敏感，很容易对异性产生期盼和向往。

一个女孩喜欢上某个男生，会希望对方也能喜欢自己。如果事与愿违，女孩就会感到苦恼、悲伤，甚至对生活失去信心。

有的女孩会抱怨说，自己和喜欢的男生明明关系很好，但是对方只是把自己当作朋友看。在这些女孩心中，被当成朋友就代表对方不喜欢自己。事实并非如此，对方把你当朋友，或许正是喜欢你身上的优点。试想，谁会和一个自己不喜欢的人掏心掏肺呢？

希望自己喜欢的男生也能喜欢自己是一件可以理解的事情，但是如果处理不好和男生之间的关系，只会让自己的思绪越来越乱，最终会在人生路口迷失方向。

延伸阅读

如何正确处理和男生之间的关系？

◆ 态度端正，淡化性别，培养健康的交往意识。

◆ 远离早恋，建立纯洁的友谊。

◆ 广泛交际，不依赖于某个人或某几个人。

妈妈说给青春期女孩的话

每个女孩在青春期或多或少都会以朋友的名义喜欢一个男生。那种默默喜欢的感觉很美好，同时也略带酸涩。你喜欢某个男生不是什么坏事，既然喜欢，就应该尊重他，帮他分担忧愁，给他更多的支持和理解。

女儿，那天你告诉我，你偷偷地喜欢某个男生，会因为他的开心而开心，因为他的失落而失落。对于你的感受，妈妈能够理解，我知道你只是欣赏，并不是要得到。你说他学习成绩很好，也很会关心人，妈妈很欣慰，因为我的女儿已经学会了欣赏优秀的人。那么，你下一步打算怎么做？我想，聪明的你一定会用最正确的方法来处理这段处于萌芽状态的感情。作为你的妈妈，我也想给你提几点建议：

1. 向他的优点看齐。学习他的优点，争取像他一样努力、一样勤奋。只有和他站在一样的高度，他才更愿意和你交朋友。

2. 对他的缺点有清醒的认识。人无完人，再优秀的人也不可避免地会有这样那样的缺点，如不讲卫生、性格冷漠等，希望你不要学习对方的缺点。

3. 保持积极乐观的心态。没有人会喜欢一个意志消沉的人，你可以偶尔失落，但不要因此变得郁郁寡欢、一蹶不振。只有跌倒了再爬起来，才能让自己变得坚强。

4. 保持纯洁的友情，让你们的友谊长成参天大树。或许你因为他的关心感到很幸福，但是我希望你能把这种情感往友谊方面发展。你们还小，现阶段，只有友谊才是最牢固、最长久的。

我居然希望我的好朋友不如我

青春期小档案

人物 珈鸣

性格 内向、叛逆

苦恼 总希望好朋友处处不如我，感觉自己很虚伪，不知道为什么会变成这样。

事件 希望好朋友不如我，她出丑，我开心。

好朋友被捉弄，我却很开心

珈鸣和若涵从小一起长大，她们曾是非常要好的朋友，但不知从何时起，珈鸣的心与若涵的心越来越远。

若涵是家长口中"别人家的孩子"，这让一直认为自己不起眼、学习不好、长得又不好看的珈鸣感到自卑。若涵长得很漂亮，眼睛大大的，说话轻声细语，加上她父母是经营服装生意的，家里经济条件不错，她穿的衣服都很时尚，在班上非常引人注目，被同学们称为"班花"。而珈鸣则是同学们嘲笑的对象。珈鸣非常不理解若涵为什么会和她做好朋友，难道是为了有片绿叶衬托红花的娇艳？虽说是好朋友，不知从何时起，她们之间变得只有朋友之名而没有朋友之实了。

若涵是班干部，在班里遇到困难时，很多男生都会主动帮忙。当班里男生向若涵大献殷勤时，有些女孩觉得她喜欢抢风头，嫉妒感悄然而生。她们有时会趁若涵不在座位时，将她的书藏起来，让她上课时找不到书。这样的小动作被坐在后排的珈鸣全看在眼里，身为若涵的朋友，她心里居然会感到莫名的开心。

为了破坏若涵在男生心目中的美好形象，有些女生经常在若涵的衣服上做手脚，如把口香糖放在若涵的座位上，从而让若涵的衣服粘上；或者把一张写着贬损若涵话语的纸条贴在她衣服的后面等，这些小动作都是珈鸣心里想做却不敢做的，看着"好朋友"被如此捉弄，珈鸣却很开心。

专家解读

弗洛伊德说过，两个女孩的友情就像水仙花，自己美丽的同时又倾慕对方的耀眼。两个人之所以是好朋友，除了个性相同外，志向和喜好也多是相同的。好朋友的身上一定有你想要的优点，你爱她、懂她、羡慕她，只因为她活成了你想要的样子，因为她其实就是你心底深藏的另一个自己。

其实，嫉妒心理的产生是极端个人主义和利己主义思想在作怪，它使人很难正确地认识客观事物，无法恰如其分地评价自己。对处于青春期的女孩来说，她们在相貌、成绩、受异性追捧程度等方面的差别，很容易导致她们"争风吃醋"。当女孩产生了嫉妒心理，她们往往感到十分痛苦，如果任其进一步发展，很容易造成中伤、诋毁他人或自我消沉的恶果，这对青春期女孩的成长非常不利。

女孩，当你开始抱怨别人，对努力的朋友评头论足时，一定会忽略自己停滞不前的脚步，这就是你一直留在原地的原因。而你的朋友，那个努力的人，没有时间抬头去看别人，只顾着朝一个方向前进，那就是她向往的方向。女孩，不要嫉妒别人，当你嫉妒别人时，别人会越过越好，而你则会更加失败。

好朋友一定是她好的时候，你为她开心；她不好的时候，你陪着她，同她一起进步、一起成长。你不会对她的得与失进行言论攻击，好朋友之间不会计较这些。我们无须嫉妒别人，只需记住你们生而不同，你们从来就不曾相同。

延伸阅读

嫉妒心理的危害
- 嫉妒心理容易破坏同学之间的和谐关系。
- 嫉妒心理往往会使自己陷入苦恼之中无法自拔。
- 嫉妒心理容易导致身心不健康。

嫉妒心理的应对策略
- 正确认识自己,减少虚荣心。
- 转移注意力,学会接纳和理解他人。
- 学会公平对待他人。

妈妈说给青春期女孩的话

每个青春期的女孩,甚至世界上的每个人都有嫉妒心理,只是表现不同而已。嫉妒是一种心理状态,是指当你看到别人在某些方面比自己优秀,而自己一时又难以达到那个层面时,产生的恼怒、不满、愤恨等不良情绪。从本质上说,这是一种不健康的、消极的思想。

在妈妈看来,青春期的女孩对好朋友产生嫉妒,其实也是一种羡慕心理,如果你也有这种心理,妈妈能理解你。嫉妒别人的好,说明你不甘落后,说明你希望比别人更强更棒。可是你不能仅仅停留于嫉妒层面,因为嫉妒心理对你有很大的危害。英国哲学家培根曾经说过:"嫉妒这恶魔总是在暗暗地、悄悄地毁掉人间的好东西。"

嫉妒心理影响人的身心健康。首先，嫉妒心强的人容易得身心疾病，长期受不良的情绪支配，人容易产生忧愁、愤怒、抑郁等消极情绪，会严重损害身心健康；其次，嫉妒心强的人不受欢迎，当一个人嫉妒别人时，就会对别人表现得不友善、不热情，这样必然导致双方关系冷淡。你现在的主要任务是学习，而嫉妒心对学习会造成不良影响，使你的学习效率大大降低。

世界上没有十全十美的人，每个人都有自己的优点和不足。当你在某方面不如别人时，有可能这方面正是她的优点，因此，过分比较有时候是没有意义的。

女儿，妈妈还想告诉你，仅仅嫉妒是没有用的，如果你真的想赶超别人，就应该用行动证明自己。也许你不漂亮，但你很善良；也许你不富有，但你为人热情、乐于助人；也许你的成绩不好，但你有积极进取的心。总而言之，你要看到自己的优点，努力发扬自己的优点，做一个积极向上、乐观豁达的人。

朋友的陪伴让青春岁月不再孤独。

第9章
谁的青春不言伤

很多人回忆起逝去的青春都会带有几分忧伤。在这个懵懂的时期，我们可能做过很多让自己后悔的事。其实，疼痛并不是青春期的全部，虽然我们可能因为懵懂无知而付出代价，这些代价会带来伤痛，谁都无法避免，但这些代价有时也会带来收获。

在躁动的青春期，面对失恋、出糗、吸烟、喝酒、盲目追星等，我们不知该如何应对。或许青春一直在疼痛，从未停止过，但也正是这种疼痛让我们逐渐学会了坚强。

带你走出失恋的雨季

青春期小档案

人物	晨曦
性格	活泼开朗
困扰	失恋了，对方没有任何理由和解释。
事件	好好的一段感情说没就没了。

❋ 莫名其妙被分手

晨曦是一名初三女生。还有 200 多天就要中考了，可是她却在这个时候失恋了。她在这段感情上投入了很多，也很用心，她相信这段感情可以走到最后。可是在正式升入初三的前几天，和她相恋的男孩却说不想和她继续了，这让晨曦有些不知所措。

那段时间，晨曦为了挽回他，很努力地改变自己。他说不喜欢她的情绪化、公主病，她就安安静静地待在他身边照顾他、关心他；他说学校的早餐太难吃，她就每天偷偷从家里给他带亲手做的便当。为了他，从不下厨的她在满是油烟的厨房忙来忙去。但是对于分手，男孩始终很坚定，她很伤心，好几次问他原因，他却总是逃避，并不正面回答。后来，她有一次约他出来，问他，他才告诉晨曦说他不想辜负父母的期望，想好好学习，还说他们还是做朋友比较好。可是晨曦知道这只是其中一个原因，更大的原因就是他不喜欢她了，因为他的一些朋友告诉她，说他其实从一开始就没有喜欢过她。

晨曦很伤心，想忘记这段感情，专心学习。可是他们在一个班，抬头不见低头见，那些美好的回忆常常涌现在眼前，她总是在课堂上想起曾经那些美好的时光。她知道不应该总是沉湎于过去的回忆中，应该洒脱一点，尽快让自己开始新的生活。

晨曦总是在朋友面前假装很开心、很快乐，不想让朋友担心，也不敢让家里人知道。她害怕家人对她失望，可是她知道，她心里真的很不快乐！

专家解读

对于青春期女孩来说，早恋并不是最大的伤害，失恋才是。很多女孩因为走不出失恋的困局而使自己一生都无法正常地恋爱和生活。其实，对于青春期的女孩来说，无论是早恋还是失恋，都是人生中一段宝贵的经历，应学会接纳它。

在青春期，女孩与异性交往的目的很纯洁，在彼此相处的过程中培养友谊、提升自我，更学着如何与异性相处。在初恋的过程中，女孩要学会爱，寻找幸福、喜悦和感动；要学会把握与异性接触的分寸，使自己和对方的身心都不受到伤害；要学会在面对大是大非的时候调控自我的情绪，以使自己的情绪始终都向着积极的方向发展；要学会积极主动且迅速地调整自己的不良情绪，使双方都处于愉悦和快乐之中，以便更好地学习文化课程；等等。

当一段感情不在了，女孩更应该学会如何放手。失恋是一种痛，无法言说，但时间可以治愈这种伤痛。在失恋的过程中，你要接受自己的成长，让自己在不断的感悟中抚慰心灵的创伤，这样你才能更加深入地触及自己的灵魂，捕捉自己内心真实的声音，并学会正确看待动人心魄的成长过程。如果我们能从这个雨季里获得提升和改变，那么分手也并不是一件失败的事。

另外，青春期女孩的恋爱有一定的盲目性，感性重于理性，纯真但不现实，同时包含了不稳定、不确定的诸多因素，所以这时候的恋爱与成人组成家庭的恋爱有着本质区别，是很容易出现易变因素的。

延伸阅读

如何快速走出失恋的阴影？

敢于面对现实，接受失恋的事实。	不钻牛角尖，不谈过去的事。	转移注意力，发掘自己的兴趣爱好。
失恋并不可怕，可怕的是无法走出失落的情绪，只要大胆面对、正视这段感情，很快就能走出失落的情绪。	对于过去的事，不必再提，生活依旧继续，只要自己想明白，事情总会过去。	失恋时，心情无疑是糟糕的，这时可以转移注意力，多听听歌、看看书，走出去，你会发现生活依然很美好。

妈妈说给青春期女孩的话

女儿，你现在的主要任务是学习，而不是恋爱，更何况你们现在的恋爱往往不会长久。你们所说的永远到底有多远，没有人知道。所以，把自己的重心转移到学习上，做你该做的事。

虽然早恋并不罕见，但这不意味着它就是合理的，在你对爱没有真正理解前，你所说的爱只是一种爱慕、一种欣赏，它并不能给你带来幸福、愉悦和快乐，它有时甚至是灾难性的，会使你陷入痛苦之中无法自拔。

女儿，假如你在爱情中受伤了，要乐观地对待一切，不能怨天尤人，更不能自我封闭。你不要认为这都是自己的问题，每天沮丧消沉，沉浸在痛苦里，而不理会周围人的关心，不积极面对生活。其实，这样只会让对方更看不起你。

要走出失恋的阴影并不困难，只要你把与异性之间的交往定位在发展普通朋友之上，在自己可控范围内顺其自然地与他们相处，你就会顺利地度过这个失落期。

谁都没我酷，吸烟、喝酒我在行

青春期小档案

人物	默函
性格	张扬、叛逆
困扰	难以戒掉烟和酒。
事件	学会了吸烟、喝酒，还被爸妈发现了。

❋ 一触即发的家庭大战

放学铃声刚刚响起，默函就飞奔出教室。在校外一个隐秘的长椅处，默函兴奋地点燃了一根香烟。看着一个个圆圆的小圈从嘴巴里吐出来，默函觉得自己就像是浑身散发着成熟魅力的妩媚女人，尽管她才 15 岁。

连续吸了两根烟后，默函才意兴阑珊地回了家。回到家里，她看到妈妈已经将饭菜端上了桌。

"默函，你怎么看起来无精打采的，是不是生病了？"妈妈看到默函一脸疲惫，关切地问道。

默函说了句不想吃饭，就匆匆地进了自己的房间，丢下客厅里莫名其妙的妈妈。

"默函最近怎么了？看起来一直没什么精神。"默函爸爸放下报纸，问默函妈妈。

"谁知道是怎么回事，她的班主任上周还给我打电话，说默函最近上课总是爱走神，不认真听讲。"妈妈说完，无奈地叹了口气。

爸爸听了后，去敲默函的房门，房门没有开，里面好像慌作一团，不知道在干什么。

"你快开门哪，默函，爸爸要找你谈谈。"爸爸说道。

过了大约半分钟，默函才慌慌张张地打开了门。

随着房门打开，一股淡淡的烟味和浓浓的啤酒味扑鼻而来，爸爸猛然间意识到了什么，大步迈进了默函房间。环视一周后，他把目光定格在门口处的垃圾桶上，只见垃圾桶里面正隐隐冒着烟，还有啤酒瓶安静地躺在里面。

"你竟然学会了吸烟、喝酒！"爸爸火冒三丈，对着默函怒吼道。

看到默函嘟着嘴没有任何悔意，爸爸气得扬起了巴掌。妈妈见状赶紧挡在了两人中间，转头对女儿说道："默函，你不是爱漂亮吗？你看看你吸烟都把自己吸成什么样子了？脸上一点生气都没有，黑眼圈比妈妈都重。"

默函听完后不服气地去照镜子，她不相信吸烟会影响她的容貌。看到镜子里那张泛黄、干涩，还有着浓浓黑眼圈的脸，默函吓了一大跳。

"吸烟不是让人看起来更有魅力吗？怎么会变成这样？"默函瘫坐在床上，神情沮丧地想着。

专家解读

随着青春期的到来，女孩的自主意识逐渐增强，这种自主意识促使她们用叛逆的心态去看待周围的事物和现象。尽管吸烟、喝酒有害健康，她们还是想尝试。而且这方面的宣传越多，她们就越叛逆；父母越是禁止，她们就越好奇，这种好奇心驱使她们开始尝试吸烟、喝酒。

曾有一份调查显示：初中生吸烟、喝酒的比率每年都在大幅度上升。但吸烟、喝酒对青春期女孩的生理、心理都危害很大。很多女孩看到电视剧、电影里的演员吸烟的样子，觉得很酷，于是就开始模仿，渐渐地就养成了吸烟的习惯。

经研究发现，香烟内的尼古丁等成分会对人体的神经系统等造成危害。美国密苏里州的一位精神专家曾说过："大脑易受香烟的影响，尤其是在青春期，青春期若接触香烟，对身体的损害将会是永久的。"

青春期女孩喝酒容易引起酒精中毒。一方面，女孩平时不经常喝酒，身体对酒精很难适应，一旦在短时间内大量饮酒，身体会受到猛烈刺激；另一方面，女孩一般都是和同学聚会的时候才喝酒，为了不在同学面前丢面子，会强迫自己喝酒，这样很容易导致酒精中毒。酒精中毒会损害人体中枢神经系统，导致饮酒人记忆力减退，辨别力、理解力下降。酒精还会抑制胃液分泌、刺激胃黏膜，使人患上慢性胃炎等疾病。酒精中毒严重时，还会导致人呼吸困难、昏厥休克，甚至会双目失明或因肝功能衰竭而死亡，所以青春期的你一定要杜绝喝酒。

延伸阅读

女孩吸烟、喝酒的心理原因分析

好奇心	模仿心理	叛逆心理	受朋友影响	心理压力过大
看别人吸烟、喝酒很帅，也想亲自体验一回。	青春期女孩大多以成人自居，喜欢模仿。	青春期正是叛逆期，越不让吸烟、喝酒，越想尝试。	重义气，讲面子，朋友做什么自己也做什么。	学习和生活压力很大，借烟和酒缓解压力。

> **妈妈说给青春期女孩的话**

女儿，随着你慢慢长大，妈妈越来越不放心，怕你一不小心陷入错误的泥潭中。

听说你身边有人迷恋上了吸烟、喝酒，对于这个问题，我希望你能明确立场，果断远离他们。俗话说："吸烟有害健康，过量饮酒有害无益。"对于青春期女孩来说，烟和酒没有任何益处。因为你正处于生长发育期，身体各器官对烟和酒中的有害物质极为敏感，所以吸烟、喝酒给你带来的不良后果要比成人严重得多。

女儿，你知道吗？你对烟和酒存在一些错误的认识，你不该受朋友、同学的影响与鼓动就去尝试，更不该因为学习压力大而用吸烟、喝酒来排遣。你说喝酒可以美容，对于这点，妈妈要纠正你，适当地饮用红酒是会起到一定的美容效果，但过度饮酒就是毁容了。

作为青春期的孩子，女儿，你应该远离酒精和香烟，让你的生活中少些烟熏，多些快乐；少些酒精，多些真实。

休想给我贴上"坏女孩"的标签

青春期小档案

人物	墨林
性格	叛逆
困扰	我的青春不该我做主吗？凭什么给我贴上"坏女孩"的标签？
事件	任性的墨林做了一些坏事，心里很矛盾，但不想被人贴上"坏女孩"的标签。

❋ 我还是我，没有变

墨林一直是爸妈眼中的乖孩子，其实，在她心中一直住着一个"坏女孩"。她不想一直保持乖乖女的形象。初中刚入学军训时，她为了躲避军训体罚，偷偷地跑去敲响了下课铃，谁也想不到她会想出这个主意。

不知从什么时候开始，墨林变得越来越"坏"了：虚伪、自私、说谎、嫉妒，骨子里总是渴望能干点什么出格的事。同学杨颖穿了条黄裙子，艳丽而飘逸，墨林故意把墨水洒在了杨颖的裙子上。墨林在日记里写道："我真受不了杨颖穿着这么漂亮的裙子在我眼前晃来晃去，讨厌她臭美、显摆，可是这种做法是不是有些恶毒呢？"

墨林一向成绩很好，人也不错，班上有几个男孩暗暗喜欢她。墨林把这一切都看在眼里，有时还故意招惹他们。她这样描写自己的心理："说实话，我喜欢他们，可是我并不喜欢交男朋友，但有时候我看到那几个男生为我争风吃醋，心里就会产生一丝快意……"

看着日记本中描述的自己，墨林不敢相信，难道这才是真正的自己吗？她不禁对自己发出疑问："我怎么变成这样了？难道我是坏女孩吗？不，不是的，这个世界充满了诱惑，即使好女孩也会想任性一次，也会想坏一次。我的青春我做主！我就算骨子里不是好女孩，也不能被人贴上'坏女孩'的标签！"

专家解读

青春期是一个充满矛盾的时期，青春期的女孩对任何事情都充满了好奇，我们不能说吸烟、喝酒、嫉妒、早恋和不好好学习的女孩就是坏女孩。青春期的女孩已渐渐成长，开始注重自我感觉，不能说她们喜欢"非主流"就是坏孩子。

青春期的女孩叛逆但又伴有强烈的自省。她们有时活泼乐观，满不在乎；有时又沉默寡言，特别敏感。她们对一些事胆怯退缩，对一些事却又大胆冲动。在青春期女孩的身上，独立与依赖、自傲与自卑、放纵与自省、开放与封闭等各种矛盾并存，这些矛盾使青春期女孩经常处于激烈的自我抗争之中，于是她们一会儿是乖乖女，一会儿又变成了坏女孩。就像墨林一样，表面看起来很乖，却总是心存坏念头。

每个女孩在成长的过程中都会有烦恼，也会有异常的表现，所以我们不能以偏概全，应当以平常心去看待青春期女孩的异常表现，不要因为她们被一时的坏念头、一件坏事所迷惑，就给她们贴上"坏女孩"的标签，这样只会给她们带来心灵上的伤害。如果不采取正确的方式，她们会以更加叛逆的心态来对待这个标签，变得更"坏"。

我们知道，青春期是女孩价值观的形成期，也是一个人判断善恶价值以及人格特征、心理品质形成的关键期，这个时期她们需要父母、老师帮助她们形成高尚的道德、完美的人格和良好的心理素质。与此同时，女孩自己也要在尚未成熟的人生观和世界观中，勇敢地面对社会现实，勇敢地剖析自己，克制、抵御种种坏念头，真诚地追求美好、快乐的事物。

延伸阅读

坏女孩真的坏吗？

1 每个女孩心中都住着一个"坏坏"的自己，或是追求自由，或是渴望叛逆，但不一定都是坏女孩。

2 女孩吸烟、喝酒、打架、逃课、去网吧、不爱学习，不一定就是坏女孩，她们也有善良可爱的一面，只是你不知道而已。

3 乖乖女的身边总会有一个看似坏女孩的好朋友，只因自己不能像她一样活得洒脱、张扬，性格互补的人在一起相处其实对成长有利。

妈妈说给青春期女孩的话

女儿，妈妈知道你不坏，你不是一个坏孩子。或许进入了青春期，你还没适应，情绪有些暴躁，不喜欢听妈妈唠叨。你想要展示自我，但要寻找正确的方式方法。

我知道你喜欢张扬个性，喜欢"非主流"，想要在大众眼中别具一格，目的就是希望别人注视你。妈妈知道你想要追求自由的生活，不想一直做乖乖女，这种心理正是青春期的叛逆心理。

女儿，也许你曾在安静的夜里聆听自己内心的声音，或许是暗潮涌动，或许是波涛汹涌，也或许是波澜不惊，无论是什么，你都要学会调节自己的情绪。也许你觉得内心深处还有一个坏坏的自己，随时随地都会跳出来，那也不能任由自己通过做些坏事来体验那个自己。

妈妈希望你能做一个安静如水的女孩，即使内心很躁动，也要学会让冲动的自己与平静的生活握手言和。

那个帅气明星，你是不是特别喜欢

青春期小档案

人物	熹玥
性格	活泼开朗
困扰	非常喜欢王俊凯，难道有错吗？
事件	心中的小秘密一不小心泄露了。

熹玥的秘密

今年刚上初二的熹玥有两个小秘密：第一，好好学习，努力考上清华；第二，她喜欢 TFBOYS 组合中的王俊凯很久了，想做王俊凯的女朋友。熹玥相信，只要努力，世上没有做不到的事。

这天，熹玥和好朋友玉蕊在卧室写日记，熹玥忽然肚子痛，匆忙去了卫生间。她临走时没来得及合上日记本，玉蕊无意中看见了她的日记本，知道了熹玥的秘密。让玉蕊没想到的是，熹玥喜欢王俊凯很久了，而且已经到了无法自拔的地步，玉蕊不想让熹玥深陷其中，于是就想了个办法。

熹玥回来，知道玉蕊看了她的日记，于是理直气壮地说："想做王俊凯的女朋友有错吗？"

"没有错哇，那有什么错，我还崇拜鹿晗呢！据说喜欢鹿晗的女孩子都可以绕地球一圈了！"玉蕊认真地说。

"但是总会有一个人脱颖而出，我相信我可以的。"

"跟你说，我也崇拜明星，尤其是帅哥。"

"我就喜欢王俊凯，我很专一的。"

"但是，熹玥，作为学生，我们的首要任务是学习，你写下的第一个人生目标，不是要考清华吗？你不学习怎么能考上清华呢？"

"哼，你不要跟我讲大道理，这些我都懂，我会兼顾学习的。"

"不是，我不是说大道理，我是说，我要'路转粉'，从今天开始我也喜欢王俊凯。"

"什么？你成心气我是吧？"

"不是，是真的，既然我们现在成了'情敌'，那么从今天开始，我们就要好好比试一番，我倒要看看，咱俩谁实力更强。如果你连我都打不败，你怎么打败千千万万的'情敌'？同样，如果我连你都打不败，我又如何打败别人？"

"好，那就一言为定，看看我们谁更强、更厉害！"

专家解读

几乎每个人在青春期时都有心目中的偶像，我们同辈中也有人把林青霞、张国荣等明星当作自己的偶像，他们也是喜欢帅哥美女的。

女孩在青春期这个年龄段比较容易喜欢长得帅气的男明星，并视他们为偶像，偶像的一举一动都牵动着自己的情绪。其实理智追星没有什么不好。爱好一致、目标一致才会形成这种独特的社交圈，追星有时可以弥补女孩在学校社交能力的不足。女孩根据自己的兴趣和个性选择喜欢的明星，期待自己像他一样发光、发热，这本来是件好事。但凡事要有个度，如果盲目崇拜，超过了这个度，不仅耽误学习、浪费钱财，还容易迷失自我。

现今社会，明星非常多，他们都自带光环，闪耀无比。现在的孩子追星大多掺杂着一些不切实际的想法。我们可以喜欢偶像，但不要盲目追随。偶像也是人，也会犯错误。如果偶像做错了，他也要承认错误、改正错误，并不是他们所做的一切都对。只有你学会用客观的态度来面对心中的偶像，你才能真正地长大、成熟，才能在现实中超越偶像。

延伸阅读

追星的正确方式

1	2	3	4	5	6
我们可以把追星当成一种生活享受。	控制好自己的行为，避免盲目追星。	明确追星的目的。	要根据自己家庭的实际情况，考虑追星的经济承受能力。	在追星时考虑好有没有影响自己的生活或会不会给家人、朋友带来危害。	能够让心中的偶像成为你的奋斗目标和奋斗动力。

妈妈说给青春期女孩的话

女儿，妈妈并不反对你追星，因为追星这件事并没有绝对的好与坏。有些明星具有榜样作用，你可以通过他们的励志故事激励自己努力学习。

妈妈不管你崇拜谁，你一定要记住：对待一切，即使是自己心中的偶像，也要用一种客观的态度面对，不可盲目随从。如果你一味地追求下去，只会迷失自己，离自己的内心越来越遥远。当你用客观的态度去看待时，你才会发现，偶像只是你心中的灯塔，只要朝着那个方向前进就好，不一定非要拥有。

疼痛并非青春的全部，也让我们学会了坚强。

第 10 章
让梦想插上翅膀

梦想是每个人的人生目标,是生命的翅膀,可以激发我们的斗志,帮助我们克服一切困难,促使我们走向优秀和成功。

每个人都有自己的梦想,而每个梦想都值得尊重。青春期是生命中最美好的阶段之一,是为了梦想而奋斗的最好时期,让自己的梦想插上翅膀,朝着美丽的未来努力奋斗吧!

你在为谁读书

青春期小档案

人物	诗意
性格	温柔大方
困扰	妈妈总是催促我学习,为什么要一味地学习?
事件	寻找学习的真谛。

✽ 课间闲谈学习的目的

刚上完化学课,邻桌小丽凑过来,皱着眉头说:"化学太难学了,我一看到化学就头大!我还是比较喜欢语文,诗意,你呢?"

诗意叹了一口气,说:"我最近也不爱学习,对任何科目都提不起兴趣,尤其是天天回家还要面对我妈的唠叨。我妈天天拿我和邻居家的孩子做对比,她就喜欢别人家的小孩。在我家,别人家的小孩什么都好,学习好,长得好,做什么都好。每次我听到我妈说别人家的小孩,就觉得压力很大,我不明白为什么要学习,难道我们学习只是为了给父母脸上增光吗?"

小丽连连点头,也颇有感触:"我妈妈也整天说我,要我好好学习,别让人家瞧不起。每次回家,我妈跟我说的第一句话就是让我好好学习。"

诗意对小丽说:"我压力已经够大了,他们还天天唠叨,这样只会让我更加抵触学习。他们对我的期望值太高,我总怕达不到要求,心里很烦。"

十分钟的课间休息时间，就这样在她们的牢骚声中结束了，她们还是不清楚到底为了什么而学习。

专家解读

青春期的女孩对于学习都具有一定的逆反心理，家长的态度越是强硬，越适得其反。她们喜欢和家长对着干，家长越让她们学习，她们就越讨厌学习。

不知道你是否也曾像诗意那样对为什么要学习而感到困惑。自己明明不是学习机器，更不是考试机器，却总是被父母催促着学习。

女孩，你知道吗？学习并不是为了父母，而是为了你自己。你要明白自己为什么学习。

著名的教育家赞科夫说过这样一句话："为了在教学上取得预想的结果，单是指导学生的脑力活动是不够的，还必须在他身上树立起掌握知识的志向，即创造学习的诱因。"女孩，只有你弄清楚了自己为谁而学，你才不会有那么多困扰。

你为什么要学习呢？回想一下，从小到大，你是不是一直都在学习呢？小时候学着吃饭、走路，上学了学习文化知识，而青春期正是你学习的重要时期，你会面临升学、中高考等人生中的大事。父母催促你学习，不是为了让你考多么高的分数，而是想让你明白，你现在努力学习是为了自己的未来在努力打拼，谁都不能替代你。

事实上，很多女孩都认为自己每天辛苦地上学是为了父母和老师，于是就会出现厌学心理，每天愁眉苦脸地去上学，面无表情地上课，满脑子想着下课、放假、休息，总觉得自己是父母的"童工"，每天的工作内容就是"学习"，而老师则是"监管员"。这种想法是错误的。

当你感觉学习是为了别人，无论是满足家长还是老师的要求时，学习的动力就会降低；当你学习能满足自己的好奇心，能收获美感和满足感，不用被人催促和监督，这种学习才是最有效的。女孩，你要时刻提醒自己，学习是自己的事情，如果能找到方法和技巧，你就会收获良多。

延伸阅读

如何让自己爱上学习？

积极的心理暗示	找回学习兴趣	激发兴趣	想象情景
不断地提高信心，改变自己对待学习的态度。	想一想自己从幼儿园开始就在不断地学习，找一下当初的自己。	学习很枯燥，只有激发兴趣才会激发求知欲，让自己爱上学习。	发挥自己的想象力，设置场景，从而提高学习兴趣。

妈妈说给青春期女孩的话

女儿，你千万要记住，你学习并不是为了爸妈，而是为了你自己。平时妈妈对你学习比较严苛，看来你是误会我了。每个家长都希望自己的孩子学习好，取得优异的成绩。有些时候，看到你不好好学习，我会难过、生气，甚至会责骂你，因为做父母的都担心自己的孩子现在不好好学习，将来很难在社会上立足，所以希望你能明白妈妈的一片苦心。

至于到底为什么要学习，女儿，你知道吗？我们每个人的成长过程都离不开学习，小时候学习基本的生活技能，上学后学习各种文化知识。你可能要问这些知识有什么用，妈妈告诉你，学识可以看出一个人的素养，平时你若能将所学的知识应用到生活中，可以解决很多问题。

女儿，学生时代是人生中最美好的时期，希望你能明白学习的意义，好好珍惜现在的学习机会，为自己的未来打造坚实的基础，朝着自己的目标一步步前进。

总是担心考试考不好

青春期小档案

人物	楚楠
性格	执着、温柔
困扰	学习一直很努力，但成绩不理想。
事件	这次考试又考砸了。

❋ 考试过后的烦恼

楚楠上周参加了期中考试，成绩还没出来。等待成绩的这几天，她非常担心，总怕考不好。其实，刚出考场的时候，朋友问她情况，她感觉还挺好的。

等了好几天，今天终于要发数学试卷了，楚楠很紧张。她听同学们说，语文试卷也批改完了，只是分数没有统计出来，陈老师说整个年级考得都不理想，高分不多，全年级90分以上的只有十几个，多数是80多分。"如果我的语文能考90多分，就有可能考到前几名了！"楚楠默默地想。

整整一天楚楠都在恍惚中度过。晚上回到家，她又向妈妈说起了考试成绩的事情。妈妈温和地告诉她："考完了，就不要想了。不管怎样，担心也没用。考得好，说明你知识点掌握得牢固，做题细心，发挥正常。考得不好也没关系，我们找找原因，下次争取考好，只要努力了就行，没必要总为一次考试烦恼！"

"妈妈，我考得好的时候，你很高兴，这我看得出来。可是考得不好的时候，你说没有关系，但你心里真是这样想的吗？"楚楠疑惑地看着妈妈。

"是呀！妈妈真的觉得没有什么。因为在你一生的学习中，会经历无数次大大小小的考试，如果要求次次成功，那是不可能的。就像打仗一样，不可能次次打胜仗，没有常胜将军，关键是要在失败中总结经验教训！"

"下次我一定好好发挥！"听了妈妈的话，楚楠说道。

专家解读

青春期是寻求自我价值最重要的时期。对于中学生来说，这个时期面临学习、升学压力，导致很多学生在考试前或考试后出现紧张和焦虑的现象。有些学生在考试前睡不着，吃不好，也无心看书；有些学生总担心考不好，一直处于自责的状态。对于青春期的孩子来说，这两种状态都是不好的。考试是学生学习过程的重要环节，每一场考试不仅是智能的竞赛，更是心理素质的较量。所以，要想考出好成绩，除了扎实地掌握课本知识，心理素质也不可忽视。

延伸阅读

造成焦虑心理的原因：
- 自卑心理：对自己没信心，总是处在不停地担忧状态。
- 内疚心理：每次考试父母都会很关心，觉得考不好愧对父母。
- 恐惧心理：害怕考不好别人会冷嘲热讽。

应对焦虑心理的策略：
- 积极的自我暗示：心里默想"我能行、我可以、我一定能成功"。
- 调整心态，正视压力：父母的关心不是累赘，而是动力。
- 自我减压：多听歌、散步，调整心态。

> **妈妈说给青春期女孩的话**
>
> 女儿，妈妈知道你的考试压力很大，你总是担心考不好。妈妈知道你对自己要求严格，好胜心很强，面对考试会紧张。这种紧张状态给你带来压力，刺激你的神经，让你不能安心。
>
> 妈妈相信你的实力，有时考不好可能是粗心的原因，如简单的计算题也出错导致丢分。你以后改掉粗心的坏习惯，成绩就会越来越稳定。你不要把分数看得太重，也不要给自己过多的压力。
>
> 妈妈的愿望很简单，就是希望你能开心地学习，对任何事情都能保持一颗平常心，平安快乐地生活。

一不小心，厌学情绪找上门

青春期小档案

人物	紫晴
性格	活泼
困扰	喜欢唱歌跳舞，不想学习。
事件	上课越来越听不进去，不想上学。

❋ 考试为什么不考唱歌呢

小时候的紫晴聪明又可爱。在13岁之前，她成绩一直很好，在班中稳居前五名。自从上了初二，她的学习积极性大大下降，成绩一落千丈。期中考试成绩出来，紫晴在班上竟排在三十名之后。妈妈批评她，她要么不理不睬，要么就出口顶撞。遇到不会做的题目，紫晴也不愿意思考，更不愿意请教别人，缺乏上进心。

现在，紫晴爱上了唱歌跳舞，并参加了歌舞训练班，她声称那是她的最爱。面对繁重的学习，紫晴满不在乎。她每天戴着耳机，边听歌边跳舞，甚至还半夜偷偷起来看歌唱比赛节目，结果学习成绩一塌糊涂。爸爸妈妈看在眼里，急在心上，经常批评紫晴："你是个学生，学习最重要，为什么把精力全都放在唱歌跳舞上呢？"

"如果考试考唱歌就好了……"紫晴嘟囔着。

专家解读

在青春期之前，很多女孩不那么好动、好玩，学习成绩通常会比较稳定，可是进入青春期之后，女孩的生理上和心理上都出现了显著的变化，很多女孩内心都存在着很大的困扰。学习上，女孩通常对物理、化学的课程不太擅长，学起来很吃力，学习效果又不好，因此很容易产生厌学情绪。有些女孩甚至会对学习失去信心，最后破罐子破摔。

当女孩在主观上对学习失去兴趣，产生厌倦情绪和冷漠态度时，她在客观上会表现出明显的厌学行为。一般来说，厌学是学生对学习产生负面情绪的表现，学生时常感到学习非常枯燥，对学习提不起兴趣，主动性极差，不明白的问题也不想去弄清楚，就像紫晴一样，缺乏上进心。

另外，很多女孩承受着分数、名次的压力，在书山题海中拼得筋疲力尽。学习的乏味、父母的期盼、一次次的考试失利让青春期的女孩烦恼不已。这些烦恼又会进一步加重青春期女孩的心理压力，使她们更加不爱学习。

延伸阅读

厌学情绪产生的原因
- 父母提出不切实际的要求，逼迫孩子学习，扼杀其兴趣。
- 学业负担过重，学校生活过于紧张。

应对厌学情绪的方法
- 寻找孩子真正的兴趣，激发学习动机，培养主动学习的习惯。
- 巧妙引导，善用寓教于乐的方法。

> **妈妈说给青春期女孩的话**

女儿，妈妈知道上学很累，尤其是当你跟不上老师的节奏时，就会产生厌学情绪。当你心里不想学习时，知识肯定进入不到脑海中。日积月累，不会的知识越来越多，你就会对这门功课更加厌烦，从而越来越抵触。

女儿，在学习中，你要学会克服困难，要有坚强的意志力。意志力具有引发行为动机的作用，这样形成的动机比一般动机更具目的性和持久性。妈妈知道青春期的孩子由于不太成熟，所以难以控制好自己的行为，当面对诱惑的时候，容易分心，容易把学习抛之脑后。但妈妈希望你能对学习产生兴趣，对不喜欢的科目多些耐心，重新认识并尝试深入了解这些科目，你就会觉得它并没有你想的那么枯燥无味了。

女儿，妈妈希望你在青春美好的年纪做你该做的事，不要一味地纵容自己！

对于学习，我为什么总是记不住

青春期小档案

人物	静禾
性格	内向、腼腆
困扰	总是记不住知识点，记了忘，忘了记，不断循环。
事件	老师抽查背诵，没记住。

❋ 英语课上的囧事

这天，上英语课的时候，老师让静禾背诵课文。她本来是自信满满的，但背了几句之后就支支吾吾起来，怎么都继续不下去了。老师叹了一口气，摆摆手让她坐下。静禾很纳闷，昨天刚背的课文，今天怎么就忘得一干二净了，难道自己睡一觉后就变糊涂了？晚上回家后，她拿着课本又读了几遍，结果越看越烦，越烦越着急，越着急越记不住，便嘟哝道："我这是什么破记性啊？老是忘！如果能像那些记忆天才一样过目不忘就好了，这样就不用对成绩发愁了。"

第二天到学校以后，静禾听到同桌也在不断抱怨记不住课文的事。看来不是她一人这样，大家都希望有一种改善记忆力的方法来克服遗忘，可是真有这种方法吗？回家吃饭的时候，静禾向妈妈提出了心中的疑惑。妈妈说："人的大脑的功能只有很小的一部分被开发和利用，大部分脑细胞还没有得到充分的使用。想要提高记忆力，就要掌握一定的方法，因为人的记忆力的差距在很大程度上是由记忆方法的差距引起的。"

静禾觉得妈妈说得有一定道理，死记硬背看来不是正确的记忆方法。

专家解读

女孩一进入青春期，总会觉得记忆力在不断退化，甚至有很多女孩会感觉健忘的毛病越来越严重，就像下面这些女孩说的一样：

"上课的时候总是会被各种事情打扰，注意力不集中，写作业拖拉。"

"学习效率很低，明明早上才背熟的英文单词，一上课就全忘了！"

"小学时，背课文可快了。可是上了初中之后，一篇文章要背两天。"

"不知道是不是自己变笨了，现在背什么都慢，而且忘得快！"

……

女孩，当你也出现这些问题时，并不是你学习不认真、不努力，而是你没有找到正确的记忆方法。学习效率和记忆力有着紧密的联系，掌握一定的记忆方法和记忆规律，学习起来会事半功倍，不仅能保证按时完成学习任务，还会提高学习质量和效率。

延伸阅读

记忆法的分类

1 机械记忆法	2 抓重点法	3 理解记忆法
单纯的死记硬背。	以点带面记忆。	理论联系实际。

> **妈妈说给青春期女孩的话**

女儿，记忆的大敌是遗忘，提高记忆力实际上就是尽量克服遗忘。在学习中，你可以通过掌握记忆规律和方法来提高和改善记忆力。

要知道，不断回忆才能牢记，因为学习本来就是一件反复遗忘而不断复习牢记的过程。常回忆并尽可能记得精细，这是锻炼记忆力的好方法。

托尔斯泰说过："我每天做两种操，一是早操，一是记忆力操，每天早上背书和外语单词，以检查和培养自己的记忆力。"女儿，你知道吗？托尔斯泰的"记忆力操"其实就是反复回忆和复习，你也可以通过不断回忆来提高自己的记忆力。

青蓝